OHSAMA BUNKO

願いがすんなり叶ってしまう！
「引き寄せ」の法則

奥平亜美衣

三笠書房

はじめに

運をつかむ人は「引き寄せの法則」を生かしている！

「引き寄せの法則」を知り、その「引き寄せのパワー」を最大限に享受《きょうじゅ》すると、どうなるのでしょう？

会社員として時間に縛られる毎日から、自分で自由に時間を使える毎日に。

お金のために、やりたくないことをやっていた毎日から、やりたいことを楽しみ、やりがいを感じる毎日に。

制限のある収入の範囲で使えるお金を気にしていた毎日から、お金の心配をしない豊かな毎日に。

好きでもない人と関わらなければいけなかった毎日から、喜びを分かち合える人々に囲まれた毎日に。

未来への不安を抱えた毎日から、素晴らしき未来を確信する毎日に。

実際、「引き寄せの法則」を実践して、私はこうした毎日を手に入れました。

「引き寄せの法則」とは、

「今の自分の状態、今の自分が考えていること（＝発している波動）が、自分の現実を引き寄せる」

というシンプルなもの。

その法則がわかればわかるほど、望んでいる現実を引き寄せることは簡単になっていきます。

つまり、「自分は幸せだ」と感じている状態をつくるだけで、幸せな現実、望む現実が勝手に引き寄せられてくるのです。

無理に頑張らなくても、自動的にそうなっていくのです。

また、この「幸せだ」と感じている状態をつくるには、二種類のアプローチがあることもわかってきました。

ひとつが、**「今ある現実の中に自分から幸せを見つけ、それを感じる」**こと。

もうひとつが、**「とにかく、やりたいことをやる」**ことです。

本書を通じて、あなたが「やりたいこと」を見つける方法、そしてそれを実現していく方法、そのための考え方を、私の経験を例にお伝えできればと思っています。

もう、やりたいことを我慢して、心が満たされない思いを引きずりながら、自分を苦しめるのはやめましょう。
あなたは、自分の心から望むことをやって、毎日を輝かせて楽しくイキイキと幸せに生きていけるのです。

奥平　亜美衣

Contents

はじめに――運をつかむ人は「引き寄せの法則」を生かしている！　3

1章

効果絶大！　なぜこんな幸運が？
――「たったそれだけ」で現実はつくられている

1　「願いが叶うしくみ」は驚くほどシンプル！　18
「心が喜ぶこと」をするだけでいい　20
2　「思い込み」に邪魔されないためのルール　22
「楽しんでいる人」に奇跡は次々起こる！　23

3 「やりたいことができていない!」から抜け出す 26
未来よりも「今」にフォーカス 27
4 あなたの能力は「神さまからのギフト」 29
「好き」のパワーは最強! 30
5 すべてが「望み通り」に進んでいく 33
私たちは「魂の欲求」を満たすために生まれてきた! 36

2章

不思議なくらい「いいエネルギー」が流れ込む方法

——人生、「好きなこと」をやっていきましょう!

1 まずは「心の声」に耳を傾けることから 40

合言葉は「ワクワクするほうへ」！ 43
2 大切なのは「自分の感覚を信じる」こと 46
「自分の本音を考える」小さな習慣 49
3 ひっくり返すと見えてくるもの 52
「小さなワクワク」と「大きなワクワク」の違い 53
「前向きになっている心」に敏感になるコツ 57
4 子供のころに「夢中になっていたもの」はありますか 60
最後まで残るのは「やらなかった」後悔 63
「何もしたくないときは何もしない」が正解！ 65
5 目標は持たなくても全然OK！ 67
初めから「成功しよう」と考えなくてもいい 71
6 「役に立ちたい！」と思ってしまう人の共通点 73
「周囲の反対」にあったとき 74

7 「家族」と「やりたいこと」の関係 79
「正直な気持ち」に遠慮しない! 82
8 「動いてみる」ことで生まれるチャンス 85
「見つかるときに見つかる」のスタンスで 89

3章

いつでも自分を「まるごと全肯定」!

——これで「ミラクルな波」も簡単キャッチ

1 「余裕のかまえ」で進めばいい 92
「ふと、こうしたい」「これが気になる」は心のメッセンジャー 93
2 あなたの近くにいる「夢を叶えている人」 95

できることを〝片っ端から〟実行に移す　97
「直感」をできるだけ信頼してみる　100
「好きなことをしている時間」を少しずつ増やしていく　102

3　「やりたいことがいっぱい」あっても大丈夫！　105
「我慢の無限ループ」に注意！　107

4　「こうしたい！」という思いが湧いてくる秘訣　110
「やる気」は出ないほうがGOOD!?　112

5　「できること」にもっと目を向けてみるだけで……　116
どんな自分も「全部」認めよう！　119

6　お金も時間も〝すんなり〟引き寄せていく不思議なパワー　121
「スイスイとうまくいく人」の秘密　122
つらくても「なぜだかやってしまう」こと　124

7　「先のことまで考えない！」がポイント　127

苦手なことは「得意な人の力を借りる」！　129

4章

「今を楽しむ」ことに集中！
――「いい気分」のつくり方

1 「すでにある豊かさ」に気づいてますか？　134
〝心の持っていき方〟で状況は変わる！　136
2 毎日のちょっとした「いい気分」に注目！　140
「今すぐ幸せを感じられる」とっておきの方法　142
「心地よいもの」に囲まれる　144
3 「素敵な人間関係」を築くコミュニケーション術　147
「相手に感謝できる点」を探す！　149

4 「やりたくないこと」を手放す練習 152
心をいつでも「飛び立てる状態」に整えていく 153
5 「つい、諦めてしまう自分」をはげますヒント 157
起こった出来事に意味づけするのは「あなた」です 159
6 心が〝クリアになる〟瞬間 161
「あの人がうまくいっている」ということは…… 163
7 自分と向き合う時間――「瞑想」がもたらすもの 166
毎日十分、「静かな癒しの空間」にこもってみる 167
8 「魂の望み」は百パーセント実現する！ 171
これが「今回の人生の目的」です 172

5章

すべての出来事が「いいこと」を引き寄せる！

——あなたにムダなことは、ひとつもない

1 宇宙からの「素晴らしいギフト」を受け取るコツ 174
そのとき〝最高の波〟が！ 176
2 「新しいもの」を人生に招くには 178
「やってみる勇気」で現実が豊かに 179
3 「お金が〝あっさり〟入ってくる」世界 181
結果は「後から」ついてくる 184
4 人間関係の「入れ替え」が起こるとき 188
「いい流れ」に乗り出すと、すべてがガラッと変わる 191

競わない、比べない　193
「誰かの成功モデル」では幸せになれない　195

5　「やりたいことをやっている人」しか手にできないもの　197
「時間を区切る」ことからの卒業！　198

6　選んだことは○？　それとも×？　201
細胞レベルにまで染みわたる「感謝の言葉」　202

7　目の前に起こることは、すべて「パーフェクト」！　206
あらゆる出来事が「いいこと」につながっていく　207
人生にあるのは、ゴールではなく「通過点」　209

おわりに――あなたの人生は「あなただけのもの」　212

1章

効果絶大！なぜこんな幸運が？

「たったそれだけ」で
現実はつくられている

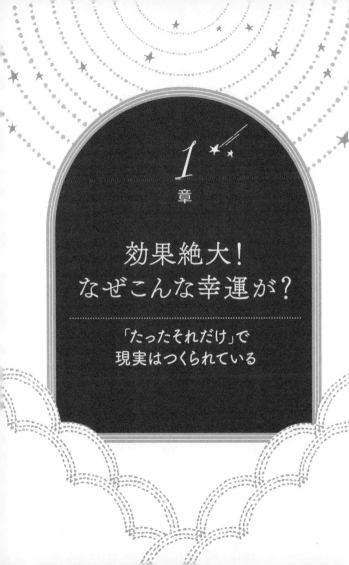

1

「願いが叶うしくみ」は驚くほどシンプル！

あなたが今の人生を変えて、本当に望む人生を実現し始めたとき、間違いなくこう言うでしょう。

「なんだ、こんな簡単なことだったのか！」
「自分のやりたいことを実際にやり始めるだけでよかったんだ」
「最初から自分の中にすべてがあったんだ」

多くの人が難しく考えているだけなのです。

これから詳しくお伝えしていきますが、あなたが好きなことを見つけて、自由に幸せに生きていく方法、それはただ、

「自分が本当に興味のあること、心が喜ぶこと、ワクワクすること、好きなこと、やりたいこと、それらを追求するだけ」

なのです。

そこには、楽しさ、そして楽しむことによる多少の身体の疲れや、やりたいことをやるために頑張らなくてはいけないことはあっても、やりたくないことをやるために起こる、心の疲弊《ひへい》はありません。

自分の興味やワクワクをただ行動に移せば、その世界に行けるのです。

経済的にも、時間的にも自由に生きている人とそうでない人、幸せな人と幸せでない人、自分の人生に満足している人とそうでない人の違い。それはただ、

「好きなことをしているか」

「やりたいことをしているか」

それだけなのです。

「心が喜ぶこと」をするだけでいい

この世には**「引き寄せの法則」**が絶対的に働いており、あなたがやりたいことをやって自分自身の幸福度を高めるとき、幸せを引き寄せます。

今の自分の状態と同じものを、常に引き寄せ続けるのです。

あなたがやりたいことをやって幸せであるとき、仕事も、お金も、人間関係もすべて、あなたに必要なものが引き寄せられるのです。


どんなあなたでも、あなたそのものが光り輝いた存在。

だから、あなたがあなた自身でいる、やりたいことをやる、それだけで、あなたの人生は光り輝いてくるのです。

「好きなことには夢中になれる」ということは、まわりの人たちを見ても、自分自身を振り返って考えても、すぐにわかりますよね。本当の意味で、「人は好きなことや、やりたいことしかできない」と思います。

なぜなら、「お金のため」「家族のため」「社会のため」と理由をつけて、やりたくないことを続けていると、初めのうちは努力でなんとかなるかもしれませんが、しばらくすると、無理が生じて続けることが難しくなります。

大事なのは、**「好きなことを知ること」**。

そして、**「実際にそれをやってみること」**。

好きなこと、やりたいことをやっているとき、あなたは、かならず幸せです。

誰もが「幸せになりたい」と願っていますが、やりたいことをやっているとき、その願いはすでに叶っているのです。

2

「思い込み」に邪魔されないためのルール

実は、あなたが「やりたいこと」を見つけて、本当に望む人生を実現することを邪魔しているのは、他の誰でもないあなた自身です。

あなたは、やりたいことをやろうと思えばできるのに、「そんな時間も、お金もない」「自分にできるわけがない」と、自分で自分の邪魔をしているだけなのです。

それをやめて、自分の心が求める方向へと一歩踏み出し、本当の自分につながって生きることを選びましょう。

そうすれば、自分のすでに持っているものを最大限に生かしながら、生きる喜びや充実を感じ、時には社会にも貢献しながら、生きていくことができるのです。

「楽しんでいる人」に奇跡は次々起こる！

あなたが「自分の好きなこと」「本当にやりたいこと」に従って行動するようになると、〝奇跡〟としか思えないような出来事が次々と起き始めます。

「心から興味あること」「好きなこと」「やりたいこと」をするのは、自分の魂の目的を果たすということ。そのとき、あなたは**常識を超えるパワーを本当の自分から引き出していける**のです。

たとえば、やりたいことがあるけど、どうしていいかわからないようなとき。すでにそれを達成している人に自然と出会ったり、そこからヒントをもらえたりします。

また、やりたいことを一人では到底できそうにもないと思うようなとき。それに喜んで協力してくれる人を、自然と引き寄せていきます。

チャンスが、向こうからやってくるのです。

そんなふうに、あなたが「心から本当にやりたいこと」というのは、どうしたって実現できるようになっているのです。

なぜなら、本来、宇宙はそのように動いているからです。「あなたの本当にやりたいこと」は、自然とすべて実現できるようになっているのです。

そもそも、あなたは生まれる前に「自分のやりたいこと」を自分で設定し、それを実現し、経験するために生まれているのですから。

ただ、生まれてきてから今まで、周囲の大人や、テレビなどのメディアから入ってくる「好きなこと、やりたいことだけをしていてはいけないんだ」という考えを植えつけられ、「好きなこと」や「やりたいこと」をやらなくなってしまっただけのことなのです。

小学生のころから、もしかするともっと小さなころから、「とにかく努力しろ」「努力すれば報われる」と言われ続けてきたかもしれません。

もちろん、あなたが本当にやりたいことに対しては頑張ればよいのですが、やりたくないことを無理にやろうとする努力や頑張りは必要ありません。

また、あなたのまわりにも、とくに頑張っているようには見えないのに、なぜかいつも成果を出しているような人がいませんか?

その人は、**かならず楽しんでいます**。夢中になって、自分のやりたいことに集中している状態です。

「好き」には、計り知れないパワーがあります。それは、この宇宙のベースである「愛のエネルギー」だから。

その**「好き」に従うだけで、あなたは、この宇宙のエネルギーを味方につけ、現実に奇跡を起こすことができる**のです。

3

「やりたいことができていない!」から抜け出す

もし、自分の人生を終えようとするとき、後悔があるとすれば、それは結果を出せなかったことでも、お金を稼げなかったことでもなく、「やりたいことをやらなかったこと」ではないでしょうか。

あなたが、自分の内側にある「これがやりたい」という思いを解放しない限り、それが勝手に消えてなくなることはなく、あなたの中でその火がくすぶり続けるでしょう。

そして、その不足感を抱えたままにしていると、屈折した形でそれが外の世界に出てきてしまいます。

あなたが「やりたいことができていない」という満たされない思いを抱えていると、かならず、満たされない現実を引き寄せてしまうのです。

結果、周囲の人と上手な人間関係が築けなかったり、心にモヤモヤを抱え込んでしまったり……。

また、あまりに自分を抑え続けていると、「病気」という形になって現われることもあるでしょう。

未来よりも「今」にフォーカス

多くの人は、未来になんらかの成果を得るために、今やりたくないことをやる努力をしたり、今やりたいことを我慢したりしています。

しかし、未来の幸せのために我慢して頑張っても、理想の未来はいつまでもやってきません。「未来がやってきた！」と思うこともあるかもしれませんが、それはいつだって「今」です。

未来は、あなたの頭の中には存在しますが、決して、現実に存在することはありません。実際に、未来を経験したことのある人はいないでしょう。

もし、未来がわかってしまっていたら、人生はまったく面白くなくなってしまいます。もちろん、未来に対する希望は必要ですが、今の時点で未来を設定してしまう必要なんてありません。

未来をつくるのではなくて、あなたは、あなたの人生を「今」つくることができるのです。

そして、私たちが「未来」と呼んでいるものは、**今のあなたが楽しんでいれば、ワクワクしていれば、幸せであれば、自然とあなたの望み通りの形で表われてくる**のです。

4

あなたの能力は「神さまからのギフト」

「自分の好き」「自分のやりたい」という気持ちに正直に従って、その道に足を踏み入れると、あなたが本来持っている才能が開花していきます。

誰でも、「本当にやりたいことを実現できる能力」を持って生まれてきているのです。神さまからのギフトともいえる、あなただけの才能です。

しかし、その「能力がある」ことを、自覚していない人は多いと思います。

私も本を書き始めるまで、自分に一冊の本が書けるとは一度も思ったことがありませんでした。

「書くことが好きだ」という自覚はありましたし、本が好きで、「本を書く仕事ができたら理想だ」という思いはあったものの、やってみるまでは自分にそれが本当にできるとは思っていなかったのです。

私がそうであったように、「自覚がない」ということはありえますが、「やりたいことを実現する能力」を何も持っていないという人はいません。

そして、**その能力を見つける最大の鍵は、自分の「好き」の中にある**のです。

「好き」のパワーは最強！

また、あなたが「大好きなことをしながら、幸せに快活に生きること」は、他人の幸せにもつながります。

だから、自分の内側から、幸せがあふれ、喜びがにじみ出る、そんな状態を遠《えん》慮《りょ》なく目指してください。

そこに、他人の考えは一切関係ないのです。あなたが、好きなことを考えたり、好きなことをしたりするだけで、その状態になることができるのですから。

好きなことをとにかく追求していきましょう。

あなたは、他人や社会の要求を満たすために生きているのではなく、自分の要求を満たすために生きています。

そして、「好き」のパワーは絶大なので、あなたがやりたいことをやれば、かならずなんらかの成果が出ます。

それは社会にとってもプラスになるのです。

私自身、まだまだ自分のやりたいことを追求している途上ですが、すでに、私のまわりの人たちも次々と夢を叶えて、自分の望む人生を歩み始めています。

私に起こっていることを見て、「自分もやってみよう」と思い立ったのです。

自分の本を出版した人や、やりたい講座を始めた人から、専門を極めたくて大学院に通い始めたり、好きなベリーダンスを習い始めたり、家を心地よくしたいとガーデニングを始めたりなど、自分のやりたいことを追求している人は、たくさんいます。

なんでもいいのです。**あなたがやりたいことに対して前向きに進む姿が、周囲によい影響を与えます。**

また、あなたが持って生まれたものをこの世で生かしていくとき、自分の人生を生きている実感を得るでしょう。

すると、この世に生まれてきた意味を知り、大切に育ててくれた両親や、ここまで生きてくる中で関わってくれた周囲のすべての人々、すべての出来事に、感謝があふれてくるでしょう。

それが「自分の人生を全《まっと》うする」ということなのです。

5 すべてが「望み通り」に進んでいく

私たちはよく「お金が欲しい」「恋人が欲しい」などと望みますが、ここで「願いの本質」を考えてみましょう。

望みがあるとき、なぜ、それが欲しいのか、それを叶えたいのかを突き詰めていけば、結局「幸せ」や「豊かさ」を感じたいから、ということに行き着くのではないでしょうか。

「幸せ」とは、今の自分に満足している状態のこと。自分の好きなものや人に意識を向けたり、好きなことをしたりするときに、心から湧き上がってくる喜びを感じ、うれしさがこみ上げてきてニヤニヤする状態です。

実際に、あなたが毎日に幸せを感じていれば、常時働いている「引き寄せの法則」に従い、自分の好きなことや人、やりたいことができる環境を引き寄せ続けます。

そして、その状態をキープできれば、何をしてもうまくいくようになるのです。

以前は、私も人並みに現実に不満がある一方で、未来への望みも持っていました。「好きなときに海外へ行きたい」「自由になれるお金が欲しい」「本を出したい」……。皆さんも、いろいろな望みがあるかもしれません。

しかし、今になって思うのです。

私が本当に欲しかったもの――それは「経験」でも「もの」でも「お金」でもなくて、充実感、幸せ、喜び、楽しさ、満足、ワクワク、そして自由といった感情だったのだな、と。

海外に行きたかったのは、いつもと違う空気や景色を感じてワクワクしたいから。

お金が欲しかったのは、お金があることで得られる経験や喜び、満足感、そして自由を感じたかったから。

本を出したかったのは、生きる充実感を味わいたかったから。

それらが「私の本当の望みだった」と今になってようやくわかったのです。

結局のところ、誰もが一番願っていることとは、「今、幸せや喜びを感じる」こと。

そして、それを手に入れる方法は、実は、あっけないほど簡単なのです。

もし幸せになりたいのであれば、ただ幸せを感じればいいのです。

つまり、**「毎日を楽しく生きる」「幸せを感じながら生きる」ことが、あなたの望みを叶える方法**なのです。

✦私たちは「魂の欲求」を満たすために生まれてきた！

あなたが「心からこうしたい」と思うこと、つまり「魂の欲求」は、かならず実現します。

なぜなら、それをするために、私たちは肉体を持って生まれてきているからです。

「魂の欲求」に従い、心からやりたいことを見つけ、それを行動に移したとき、そのサポートを最大限に受けることができるのです。

その事実を、私自身強く実感できていますし、あなた自身が実際にそうしてみると、そのことを実感できるでしょう。

「世の中そんなに甘くないよ」という声が聞こえてきそうですが、断言します。世の中というのは、本当は限りなく甘くて優しいのです。

甘いと感じられる人と、そうでない人の違いは、**「やりたいこと、好きなことをやって心が満たされているかどうか」**、それだけなのです。

私が自分のやりたくないことを生活のためにやっていたとき、「世の中は厳しい」と感じていました。

しかし、自分の内側から聞こえる「心の声」に従い、やりたいことをやってみると、心が満たされ、毎日が楽しく感じられるようになりました。

それに伴って、素晴らしい時間を共有できる人間関係も同時に引き寄せ、望まない人間関係は、自然と去っていったのです。

すると、不思議なことに、お金も結果も後からついてきて、誰もが私によくしてくださり、「本当に宇宙ってこんなに優しいんだ」と何度も何度も思いました。

そして今、すべてに対して、感謝の気持ちしかないのです。

「現実的かどうか」なんてことで、あなたの本当にやりたいことを諦《あきら》める必要はまったくありません。

あなたの望みは、あなたがやろうとさえすれば奇跡のような力が働いて実現します。そして、あなたは、**「やりたいことをやって、毎日が楽しくて仕方がない」という人生を手に入れる**でしょう。

2章

不思議なくらい「いいエネルギー」が流れ込む方法

人生、「好きなこと」をやっていきましょう!

1 まずは「心の声」に耳を傾けることから

この章では、「やりたいこと」「好きなこと」を見つけるための考え方、その方法について見ていきたいと思います。

初めにお伝えしておきたいことがあります。

「やりたいことをやりましょう」と言うと、それを必死で探してしまう人もいるのですが、「やりたいこと」を外側に探す必要はありません。

あなたは、すでに「自分のやりたいこと」を知っています。

「やりたいことがわからないんです」というお話をよく聞くのですが、そんなことはありえないのです。

まずは、「食べたいものを食べる」「行きたいところに行く」「会いたい人に会う」というようなことでいいのですから。

にもかかわらず、「やりたいことがわからない」と思っているのは、そう思い込んでしまっているか、「やりたいこと」を大きく捉えすぎているかだけなのです。

もしくは、「やってみたいこと」はあるけど、「自分にはできない」とか「やってはいけない」と制限をかけてしまっているのかもしれません。

そうして、「自分の好きなこと」や「興味のあること」に目を向けずに長い時間を過ごした結果、やりたいこと、ワクワクすること、それ自体をただ、忘れてしまっているのです。

あなたの中にあるものを思い出したり、自分の気持ちを丁寧《ていねい》に扱っていけば、そこにたどり着きますので、これから何かを必死で探す必要はないのです。

自分に必要なことは、初めから全部知っています。

ただ、あなたがその芽を見つけ、その道に踏み出す少しの勇気を持てばいいのです。そうすれば、自動的にあなただけの専用道路に乗ることができます。

生まれながらにして持っている能力や才能を自分で見つけてあげて、それを最大限に生かすようにするだけなのです。

その過程で、奇跡としか思えないような出来事や、あなたの挑戦したいことに喜んで協力してくれる人を引き寄せていくのです。

あなたの「やりたいこと」「好きなこと」「ワクワク」は、かならず存在します。

これまでの人生で、興味の湧くものがひとつもない、ひとつも思い浮かばない、ということはありえませんよね。

合言葉は「ワクワクするほうへ」！

当然ですが、「あなたがワクワクすること」と、「別の人がワクワクすること」は違います。

人は生まれながらにして、ひとつ、または複数の特定の分野に興味や関心を持っています。自分の意志でそう決めたというよりも、自然と「それがやりたい！」と思うように生まれついているのです。

私は、「本当にやりたいことでなければ叶わない。たとえ叶ったところで、幸せを感じられない」と思っています。

たとえば私がいくら引き寄せの達人だとしても、「総理大臣になりたい！」と突然言ったところで、総理大臣になることは引き寄せられないでしょう。

というのも、私は自分の心の声をよく知っていて、自分が心の底から、本当に総理大臣になりたいと思うのは、どう頑張っても無理だとわかっているからです。

そして、まったくワクワクしません（笑）。

引き寄せとは、なんでもかんでも望みが叶う魔法ではありません。**あなたが「あなただけの本当の望み」を見つけたとき、それが叶う**、というものなのです。

実際、私は今のところ、今の自分以外のものになれそうもありません（もちろん今後、何が自分の中から出てくるかはわかりませんが……）。

その意味で、運命は決まっているし、人間は無力です。

「何にワクワクを感じるか」は、自分では選べないのですから。


何にワクワクするかは、最初から決まっているのです。

あなたに最初から植えつけられているのです。

だから、ただ、自分の「本当にやりたいこと」「本当に好きなこと」「心がワクワクすること」を知るだけでいいのです。

しかし、あまりにも人の目や世間の目や常識、または自分自身に対する誤解

（自分には能力がないなど）に縛られすぎて、「本当にやりたいこと」「本当に好きなこと」が見えなくなってしまっている人も多いかもしれません。

でも、やりたいことは最初から、かならずあなたの中にあります。

あなたの中に、すでにすべての答えがあるので、あなたが変わらなくてはいけないわけではありません。

それを**ちょっと外にひっぱり出してあげるだけでいい**のです。

そして、やりたいことを実際にやり始めると、それが何であれ、そこに大きな喜びを感じるでしょう。

私たちが求めているものは、外にあるものではなくて、私たちの身体の内側にあるその喜びなのです。

2

大切なのは「自分の感覚を信じる」こと

「好きなことをやりましょう」と言われると、多くの大人が、

「でも、それでは稼げないし」

「それで何が身につくの？」

などと言うかもしれません。

何かをするときに、「納得できる理由がなければしない」「メリットがなければやらない」と考える人もいるでしょう。

しかし、**「好き」とか「やりたい」には本来、理由はない**のです。

「好きだから好き」「やりたいからやりたい」しかありません。

子供のとき、好きなことをするのに、理由が必要だったでしょうか？　砂遊びや絵を描くことに、理由はいらなかったと思います。

生まれてきたときから、理由もなく、好きなものを好きと思うように、初めからあなたにインプットされていると考えてください。

たとえば、あなたは赤が好きで、黄色が嫌いだと感じるとします。

そこに、理由はあるでしょうか？

「好きだから好き」

それしかありませんね。そして、赤が好きとか黄色が嫌いなことによし悪しはありません。

好きなことを実際にやってみて、「こんなことがわかった」「こんなところがもっと好きになった」ということはあるかもしれません。また、人に伝えるときに、

「こんなところがいい」と、説明が必要なことはあるかもしれません。

ですが、「好きだけど、何のためになるのかわからない」「どんな得があるのかわからない」といった理由で行動しないとしたら、それはとてももったいないことです。


「自分が何かを好きだ」ということに理由はいりません。

ただ、自分の感じることに正直に、そして、自分の感覚を信じてみてください。

人がなんと言おうと、自分が好きと感じる、それ以外のことなんて必要ないのです。


自分が好きだと感じたり、ワクワクしたりすることは、自分が選んでいるのではなく、「自然とそう思う」のです。そもそも、そう感じると決まっているのです。

それは本当のあなたから来るもので、あなたがあなたの頭で選んで決めているのではなく、「そもそも、そうであること」を、自分で気づくだけなのです。

「好きなものがない」という人はいないと思います。

ですから、あなたは自分自身に正直に聞いてみるだけでいいのです。

「私は、何をすることが好きなのかな？」と。

難しいことは、何もありません。

すべては、すでにあなたの中にあります。後は、あなたがそれを見つけて、大事にしてあげるだけなのです。

「自分の本音を考える」小さな習慣

このように、「何がやりたいのか」という本音に沿って生きていくことが、幸せな人生につながっていきますが、そもそも「本音」とは何でしょう？

中には、本音について考えることや、本音に従った行動をあまりにも長い間してこなかったために、自分の本音が何なのか、本音はどこにあるのかがまったく見えなくなっているような人もいるかもしれません。

自分の本音を考えるときに、難しく考えるのではなく、まず、**目の前のその対象が好きか嫌いか、やりたいのかやりたくないのか**、それだけを考えましょう。

・あの人を好きなのか、嫌いなのか
・それをやりたいのか、やりたくないのか
・目の前の食べ物が好きなのか、嫌いなのか……

はっきり「好き／嫌い」、「やりたい／やりたくない」がわかることもあれば、「わからない」こともあるかもしれません。

また、「好きだけど、でも……」「やりたいけど、でも……」というような、部分的だったり、条件付きの場合もあるかもしれません。

はっきりしない場合や、わからない場合は、無理に追求する必要はなく、今すぐ結論を出す必要もありません。

まず、「自分の本音ってどこにあるんだろう?」と考え始めることが大事なので、わからなければ「わからない」で大丈夫です。

どんなものでも、**「好き/やりたい」「嫌い/やりたくない」「わからない」**のどれかに分類されるかと思いますので、そのように分類するクセをつけてみてください。

3 ひっくり返すと見えてくるもの

多くの人は、自分の「やりたくないこと」はよく知っています。

私自身もやりたいことが見つかるまでは、「時間に縛られるのは嫌！」「人の顔色をうかがうのは嫌！」「生活のためだけに働くのは嫌！」と、やりたくないことだけはよく知っていました。

しかし、やりたくないことで頭をいっぱいにしていると、ますますやりたくないことを引き寄せてしまいます。やりたくないことがわかっているのなら、その反対にあるやりたいことを素直に考えてみましょう。

たとえば、私の「やりたくないこと」の反対側を見てみると、「時間に縛られず、マイペースに生きたい」「自分の意思で、自由に生きたい」「自分のやりがいのために生きたい」となります。

すると、「自分がどうしたいのか」ということがわかってきます。

また、やりたくないことを考えているときは、いい気分がしないと思いますが、それを**やりたいことに変えたとたんに、前向きな空気が生まれてくる**のを感じるでしょう。

その波動が、あなたの現実を引き寄せますので、「やりたくないこと」をもし知っているのであれば、それを「やりたいこと」に変換していきましょう。

「小さなワクワク」と「大きなワクワク」の違い

「あなたの情熱は『何をすること』にあるのか?」

「あなたの『好き』『やりたい』がどこにあるのか？」

それを思い出していきましょう。

でも、このとき、

「これでお金が稼げるようになったとしたら、これくらいの収入だ」

「これをやるには、こんな能力が必要だ」

といったことは、考える必要がないのです。

難しく複雑に考える必要は、本当にありません。

やりたいことを見つけるには、**ただ「自分は何をすることが好きなのか」、それだけを考えてみたらいい**のです。

・料理をすること
・散歩をすること
・空を見ること

・動物と触れ合うこと
・人と話すこと
・カフェでまったりすること
・人前で話すこと
・一人でじっくり机に向かうこと
・絵を描くこと
・人の相談に乗ること
・細かい作業をすること
・旅行に行くこと
・自然の中にいること
・書くこと
・読むこと
・ピアノを弾くこと
・歌うこと

・写真を撮ること

どんなことでもかまいません。

もし、一週間ほど急に休みをもらって、とくに何もすることがないとしたら、何をしますか？　最初の一日、二日は「ゆっくり休みたい」と思うかもしれませんが、残りの日をどうやって過ごしますか？

あなたが本当にしたいことなら、なんでも大丈夫なのです。


また、「ワクワクする」というと、どうしても、旅行などの非日常的なことを思い描くかもしれませんが、「子供と時間を忘れて遊ぶ」とか、「お気に入りの飲み物を飲んでほっとする」といったことも、とても大事なのです。

小さなワクワクも、大きなワクワクも、同じ「ワクワク」なのです。

あなたがワクワクすることをしていれば、それがあなたに、もっとワクワクをもたらします。

マイブームのような、自分だけのワクワクを大事にしてみましょう。

なぜだかわからないけど、気になる、ハマってしまうもの。それは、その時々で変わると思いますが、後々何の役に立たなくても、今、気になるのであれば、ぜひ行動に移していきましょう。

「前向きになっている心」に敏感になるコツ

何が「本当にやりたいこと」につながるかは、わかりません。

ですから、ただ、心が喜んでいる状態、自分の心が「なんかいいなぁ」と前向きに感じることに、耳を傾けてあげてください。

自分の気持ち、自分の内側から来るものに敏感になってください。

とにかく、

・自分にできそうか、できなさそうか
・それがお金になるのかどうか
・現実的かどうか

という観点を徹底的に排除していかなくてはいけません。ただ、単純に、「自分は何をすることが好きなのか？」それを見つけていきましょう。

・今好きなこと、情熱を注げることは何ですか？
・子供のころ、好きだったけど、大人になってから忘れてしまっていることは何ですか？
・やったことはないけど、これをやったらワクワクするだろうな、と想像するものは何でしょうか？
・これをやらなければ死ねない、と思うようなことは何ですか？
・これまでの人生で金銭や損得に関係なく、喜びを感じたことは何ですか？

「自分の好きなこと」を、思いつくままに書き出してみましょう。
わからなければ、今無理に答えを出す必要はありません。
今後も思いついたら、書き足していきましょう。

4

子供のころに「夢中になっていたもの」はありますか

お金のことや世間の常識、周囲の目線を意識する前の私たちは、素直に「自分のやりたいこと」や「好きなこと」を知っていました。

ほとんどの場合、子供のときは、自分のワクワクを忘れていなかったのです。

だから、ちょっと時間をとって、自分が子供のときに好きだったことは何なのかを思い出してみましょう。

わからなければ、**両親に聞いてみる**のもおすすめです。自分があれほど好きでやっていたことなのにそれを忘れている、ということは多々あるのです。

子供のときに持っていたワクワクや興味を、再発見するような気持ちで、探してみてください。

すべては、自分の中に眠っています。

「自分史」を書いてみるのもおすすめです。

覚えているところからでかまいません。小学生のころ、何が好きだったのか、どんなことに熱中していたのか、中学生のころはどうだったか。

丁寧に思い起こしていきましょう。

私も、この作業をしたとき、小学校高学年から中学生のころに、見よう見まねで小説を書いていたことを思い出しました。もし、今それが出てきたら、もう赤面ものだとは思うのですが（笑）。

そんなことは、すっかり忘れていたのですが、たしかに書いていたのです。

そして、自分が本当に本を書くことになったとき、やっと思い出したのです。

ああ、自分は自分のやりたいことを、小学生のときから知っていたなって。

たしかに振り返ってみると、私のまわりにはいつも本があふれていました。

とくに裕福な家庭でもなく、三姉妹の長女でしたので、欲しいものをなんでも買ってもらったような記憶はまったくないのですが、その中で、本だけは父が惜《お》しみなく買ってくれたのです。

自分の道を見つけたとき、そういう両親を選んで生まれてきたことさえ、はっきりとわかりました。

あなたにも、忘れていた情熱があるかもしれません。そして、その中に、あなたの本当にやりたいことが眠っている可能性が高いのです。

もし、「何のために生きているのですか?」と聞かれたら、何と答えますか?

ここで、「お金のために生きている」と答える人はほとんどいないでしょう。

少なくとも、あなたは「お金を稼ぐため」に生きているのではないのです。

お金を稼ぐことは、あなたの人生の目的ではないのです。

あなたの人生は、自分のやりたいことを実現したり、素晴らしい人間関係を築いて喜びを分かち合ったり、美しいものに感動したり、美味しいものを味わったりするためにあるはずです。

「お金」はそうしたものを経験するための手段にすぎません。決して目的ではありません。

最後まで残るのは「やらなかった」後悔

他に、「これをやらなかったら、死ぬときに後悔することはなんだろう」と考えてみてください。

世間の常識、周囲の人からの縛り、それらを飛び越えて、自分だけの自分のやりたいこと。

自分の頭の中で考えるだけなら自由なのです。誰にも迷惑をかけることはありません。何も恐れずに、それはなんなのかを考えてみましょう。

そして、そんなことがあるなら、ぜひ実行に移すことに前向きになってください。

今考えて、「やらなければ後悔するな」ということがあれば、それをやらなければ、死ぬときにかならず後悔します。

「これがやりたい！」と今思ったのなら、やってみること。それを一生続けるかどうかなんて考えなくてもいいのです。

もちろん、結果的に死ぬまで続けて、それがあなたのライフワークになったとしたら、とても素晴らしいことです。

しかし、長く続けられるものを最初から見つけようとするのではなくて、

「一時期でもいいからやってみたい」

「続くかどうかに関係なく、これをやってみなければ、自分は後悔するだろう」

そう思うことは何かを考えてみてください。

あなたの「魂の欲求」、それはかならずあります。

「何もしたくないときは何もしない」が正解！

もしかしたら、「お金があるなら何もしたくない」と思う人もいるかもしれません。

今、あなたが「何もしたくない」と思うとしたら、現在の生活に疲れ切ってしまっているだけで、本当に何もしたくないわけではないと思います。

その場合は、疲れが取れ切るまで休んでください。その後に、やりたいことも自然と出てきますので、まず「休みたい」という、あなたのやりたいことをやりましょう。

それも、「やりたいことをやる」ことなのです。

また、ダラダラして過ごす――「好きなテレビや映画を見たいだけ見て過ごしたいけど、それでいいのかな？」と疑問が浮かんだ人もいるかもしれません。

今、そう思うなら、まったくそれでいいと思います。「生産性がないなぁ」なんて考える必要もありません。

あなたが、「気の済むようにやる」ことが大事です。

もし、気の済むまでそのようにしたとしたら、いずれ、自分が能動的に取り組む形での「やりたいこと」が出てくるでしょう。

また、見ていたテレビや映画からヒントをもらって、何かやりたくなるかもしれません。

5

目標は持たなくても全然OK!

小さいころから、「目標を持ちなさい」「目標を設定して、それに向かって努力しなさい」と言われ続けてきたので、目標を持つことが大事だと多くの人が思っているかもしれません。

しかし、はっきりした目標を持ってしまうと、「そこに到達するまで幸せではない」という勘違いが起こってしまいがちです。

本当は、やりたいことをやっている時点で幸せにもかかわらず……。

いったん目標を立てると、「それを追いかける」という終わりのない不足感や焦燥感の旅にあなたは出ることになります。

目標が大きければ大きいほど、圧迫感も感じるかもしれません。


また、もし目標が達成できないような場合は、敗北感や自己否定感を覚えるでしょうし、それに向かって努力していない自分を発見しようものなら、罪悪感も生まれてしまうかもしれません。

これらの「自分の望まない感情」は、目標を立てるから生まれるのです。


また、目標を立てると、そこへ「一直線に向かわなくてはいけない」と思うようになってしまいます。

でも、**望みを一直線に叶えることは、かならずしもいいことではない**のです。

「自分のやりたい」に従って動いていると、一見、自分の望む未来に関係のないようなことがすべて有機的につながっていきます。

そして、自分でもびっくりするような結びつきが生まれてきたり、これまで感じたことのない満足感を得られたりします。

たとえば、東京から大阪に行く途上で「北海道に行きたいな」とふと思ったとしたら、そうすることはまったくのムダではないのです。

きっと、北海道に行くことでしか得られなかった出会いや発見があり、直接大阪へ行くより、あなたを豊かにしてくれることがあるのです。

あなたがワクワクすることをやり始めるとき、そこに、奇跡のような力が備わっています。

今、頭で考えられる以上のことが起こってきますので、今ここで、目標を立て、あなたの未来を決め込んでしまう必要はありません。

つまり、目標は持たなくてもいいのです。

私自身、最初は「本を書きたい」ということしか考えていませんでしたが、一冊目を出すと、二年もたたないうちに、監修を含め十二冊もの本を出すことになりました。

それに付随《ふずい》して、千六百人もの人の前で話すことになったり、雑誌での連載も始まったり、海外からも講演の依頼をいただいたり——。本当に、自分が考えている以上のことがどんどん起こりました。

このとき、私は目標をまったく立てませんでした。というよりは、想定の範囲外のことが起こるので、目標を立てようもなかったのです。

たとえば、「大勢の人の前で講演する」というようなことは、一度も望んだことがありませんでした。

今、やりたいことをやって、自分を喜ばせていれば、想像以上の結果が運ばれてきます。人生の目的は、未来に目標を達成することではないのです。

未来に、何かを手に入れるために、今を生きているわけではありません。

ただただ、今を楽しむ。今、やりたいことをやる。

そうして、人生を楽しむとき、あなたは、本当に望んでいた幸せを手にします。

✦初めから「成功しよう」と考えなくてもいい

また、「目標はいらない」のと同時に、「成功しよう」と最初から考えないことも大切です。この考えは、「あなたが本当にやりたいこと」を見つけるのを邪魔します。

なぜなら、「成功したい」と思うとき、あなたは、成功のために自分のやりたくないことまでやろうとし始めてしまうからです。成功のために、本当は遊びに行きたいのに、まったく休むことなしに、「やりたくないこと」に力を注いでしまうかもしれません。

また、自分の成功のために動いていると、接する人はそれに勘づきます。

そんな人と一緒にいたいと思うでしょうか？

少なくとも私はそう思いません。

人は、あなたが純粋に楽しんでいるから、それに引き寄せられてきます。

成功のことばかり考えていると、それと同じように、お互いを利用しようとする波動の人が集まってくるでしょう。

私自身、何かを達成するためでなく、何かをつかむためでもなく、ただ、書きたいから、書きたいことがあふれ出てくるから書いています。

数字より、成功より、「自分の好き」「自分のやりたい」を大事にしてみてください。その結果、あなたは自分が満足のいく成果、あなただけの成功を引き寄せるでしょう。

6

「役に立ちたい！」と思ってしまう人の共通点

「自分がやりたいことをする」というところから始まった旅は、それを追求していくと、結果的にたくさんの人の共感を集め、周囲の人たちを喜ばせ、幸せにしてくことにつながってきます。

自分のやりたいことを考えたときに、それが社会の役に立つのか、人の役に立つのか、という視点で考えることがあるかもしれません。

しかし、あなたのやりたいことが何か社会の役に立つのか、どんなふうに社会に波及していくのか、それを今考えても、考えられる範囲に限界があります。

ただ、「あなたがやりたいことをやる」だけで、他人にも、社会にも貢献できるのです。ですから、社会貢献ありきではなく、自分はどうしたいのか、そちらを先に考えてください。

あなたが、「本当に心から楽しんで取り組んでいること」「本当にやりたいこと」は、自動的に人の役に立ちますので、最初に、社会貢献するにはどうしたらいいのかを考える必要はないのです。

本当にやりたいことをやり始めると、自分も楽しく充実して、いつの間にか自分が生活するお金も入ってきます。さらに直接関わる人も喜んでくれて、そのうえ、社会にも貢献できる、という夢のようなことが実現していきます。

「周囲の反対」にあったとき

とは言え、まだ自分の人生が見えていなかったころに、親や教師から、「あなたに合うのはこんなこと」と言われたり、自分の夢を語ったときに、「そんな夢みたいなこと、叶うわけはないでしょ」と言われた経験のある人は多いかもしれません。

また、あなたが、自分の本当にやりたいことを「こうしたい！」と言い始めると、最初は、周囲の人が反対するかもしれません。

しかし、それは、自分の本当に好きなものへあなたが目を向け始めたときに起こる、周囲との「波動のズレ」が現われているにすぎません。

自分のやりたいことに踏み出そうとするとき、もし周囲の反対が予想されるのであれば、**「ある程度、形になるまで誰にも言わない」**というのも手です。

身近な人が「心配」という言葉を使って、あなたのやりたいことを邪魔しようとすることがありますが、そうした言葉に耳を貸さないでください。

周囲の人の意見に沿って生きている限り、あなたの人生には無理が出てきて、かならずどこかで破綻《はたん》します。人は結局、自分には嘘をつけないし、自分に嘘をついている限り、幸せを感じることができないのです。

また、自分以外の人の期待や望みを自分のやりたいことだと勘違いしてその道に進んだとしても、いずれ違和感を覚え、あなたは自分の道に戻りたくなるでしょう。

今、あなたの周囲にいる人は、とても大切な人であったり、いろいろな恩がある人たちかもしれません。でも、あなたが、その人たちの人生を生きることは無理なのです。その人たちの期待通りに生きることはできないのです。

自分のやりたいことを無視して、周囲の期待に、世間の基準に沿うように生きていても、決して満たされることはありません。そうして生きている限り、あなたは満足できないことや人間関係しか引き寄せないのです。

ただし、周囲の猛反対があったり、自分が進もうとしても、周囲の状況や外圧でどうやっても進めないような状況になったりするとき（たとえば、海外に留学しようとしたけれど、ビザが発給されなかったなど）は、注意が必要です。
それは、あなたの魂からの「その道じゃないよ、それはあなたの本当にやりたいことではないよ」もしくは、「今じゃないよ」というサインだからです。

しかし、基本的には、

・あなたの興味のあること
・あなたが好きなこと
・あなたが夢中になれること
・あなたが幸せを感じること

これだけを考えてください。

あなたの人生は「あなただけのもの」なのです。

あなた自身が、「自分の好きなこと」「自分のやりたいこと」にまっすぐになればなるほど、あなたの周囲はそれを応援してくれる人ばかりになり、応援してくれない人とは自然と疎遠《そえん》になっていくでしょう。

1

「家族」と「やりたいこと」の関係

女性の場合はとくに、「自分はこれがやりたいけど、家族がいるので難しい」といった話をよく聞きます。しかし家族も含め、自分以外の誰かのために、自分のやりたいことを諦める必要はありません。

今は到底無理そうに見えても、何かしら奇跡的なことが起こって、できると思えるようになってきます。

または、「家族は反対するだろう」というのはただの思い込みで、実際にその道に足を踏み入れると応援してくれるようなこともあるかもしれません。

具体的にどのように、あなたのやりたいことが実現するかは、わかりません。

いつだって、想像以上の信じられない形で物事が動いていくので、今、頭で考えられることではないのです。

次章で、「とにかく〝できること〟からやっていく」ということをお伝えしますが、「家族がいて、やりたいことをやるのが難しい」と思う場合でも、決して諦めないでください。

無理なくできる範囲で、できることからやればいいのです。

あなたが今、できることはかならずあります。

自分の時間がまったくとれない、なんてことはないのですから。

もし、自分の時間がまったくとれないほど、家族のために時間を使っているなら、少し時間の使い方を考え直す時期が来ていると考えましょう。

本来、家族が自分でできることさえも、あなたがやってしまっているのかもしれません。

子供が乳児であるような場合を除いて、自分のやりたいことをするのは、まったく難しいことではありません。

また、もし子供が乳児でつきっきりにならなくてはいけない場合でも、誰かの助けを借りて子供を見てもらって、できる範囲で自分のやりたいことをやるのは、まったく悪いことではありません。

当然、母親にも息抜きが必要ですし、また、その息抜きの時間に、自分の本当にやりたいことをやってイキイキとすれば、その波動は伝わって、赤ちゃんにもよい影響があります。

そして、子供が乳児であるという期間はあっという間に過ぎ去り、あなたにはまた、やりたいことをできる時間ができますので、それまでは、「赤ちゃんと楽しむ神さまから与えられた素晴らしい期間」と考えましょう。

「正直な気持ち」に遠慮しない！

自分の好きなことをするには、「何かを犠牲にしなくてはいけない」とか、「誰かを犠牲にしなくてはいけない」という思い込みを持っている人も多いですが、そんなことはまったくありません。

自分の人生に妥協は必要なく、本当にやりたいことをやる過程で、すべては自然に整ってきます。

その過程で、家族の在《あ》り方も変わっていく可能性がありますが、そうした変化を恐れる必要はありません。

あなたが本当にやりたいことをやり始めれば、自分も周囲の人も幸せにしていくことはすでにお伝えしましたね。

もちろん、誰にとっても家族は大事でしょう。しかしそれは、自分を犠牲にして家族に合わせることではないのです。

自分の正直な気持ちに対して、家族に遠慮する必要はありません。逆に、あなたも、家族のやりたいことを応援しましょう。

あなたが、「心から望むこと」に一歩踏み出せば、それを応援し合える家族の在り方へとシフトしていくでしょう。

何をするにしても、自分がやりたいかどうか、そして、自分が満たされていて、幸せな状態であることが大事です。そうでなければ、人を幸せにしたり、社会に貢献する、なんてことはできないのです。

人のため、社会のために、自分を犠牲にすることはありません。

もし、誰かのために、自分のやりたいことを曲げたり、自分のやりたくないことをやったりしたとしても、結局、誰のためにもならないので、自分を犠牲にすることはやめましょう。

そして、何をするのも、何かの見返りのためではなく、「自分がそうしたかったから」するようにしていきましょう。

「自分がやりたいからやる」

「楽しいからやる」

あなたは、その時点で幸せなのです。

ですので、何かの見返りを求める必要はまったくありません。

心から望むとき、あなたは、他人からの愛や優しさ、やりたいことを形にするチャンス、お金など物質的なものも含め、いろいろなものを受け取るでしょう。

8 「動いてみる」ことで生まれるチャンス

「やりたいことを見つけましょう」と言うと、天職のような、最終目的地のようなものをいきなり探そうとしてしまうかもしれませんが、その必要はまったくありません。

とにかく、やりたいことであれば、どんなことでもいいのです。

正解を探そうとしないでください。あなたが選んだことに、間違いなんてありません。それは、そのとき、そのときの正解です。

そして、やってみて、「あ、これは思っていたのと違った」「やってみたら、それほど好きではなかった」「仕事にするほどではなかった」ということも多々あるでしょう。

でも、それでも正解です。

行動してみないと、「それが本当にやりたいことなのか？」ということさえもわかりません。**行動して経験してみることで、本当にやりたいことなのかどうかがわかってくる**のです。

その経験は、必要だから起きています。宇宙の流れは完璧です。ムダなんてひとつもないのです。

自分の頭で考えるとムダだったと思えるようなことでも、後で、それが必要だったとわかる日がかならず来ます。

実際、私も「本当にやりたいこと」が見つかるまでに、さまざまな紆余曲折《うよきよくせつ》がありました。

大学を出てから、どうしてもすぐに働く気になれず、当時一番興味のあった服づくりを学びたいと専門学校に通ってみたり……。

でも、実際通っているうちに、「私の本当にやりたいことは、これではないな」と思い始めてしまい、その後、もうひとつのやりたいことであった「外国に住みたい」という想いを実行に移して、イギリスへ渡りました。

そこでは、語学学校に通っていましたが、これもしばらくすると、「私はヨーロッパよりアジアのほうが合っているな」と考えて、インドネシアへ再び移り住んだのです。

今考えれば、なんて無茶というか、自由奔放に生きていたんだろうと自分でもびっくりしますが、振り返ってみると、すべて必要な経験だったとわかるのです。

服飾の専門学校時代の友人が、今の仕事に協力してくれたり、海外で過ごした経験が、今、本をつくることの役に立ったりしているのです。

ただし当時は、いろいろやってみたものの、いまいち自分のやりたいことをはっきり見つけられず、きちんと働きもせず、落ちこぼれたような気分もありました。

でも、そんな当時の経験があってよかったと、今では思えるのです。

「今、毎日が楽しいとはいえない」「自分のやりたいことがわからない」「迷ってばかりだ」――そんなふうに思っているあなたも、その経験はムダなものでは絶対にありません。

私がやっと自分の道といえるものを見つけたのは、三十七歳になってから。

もちろん、若いときから「これだ！」という自分の道を見つけて、それに邁進《まいしん》できる人は幸せです。

でも、そうでなくても幸せになれるのです。やりたいことを始めるのに、年齢は一切関係ありません。焦る必要はまったくないのです。

「見つかるときに見つかる」のスタンスで

ここまで、やりたいことを見つけるための考え方、その方法について書いてきましたが、それでもやはり「やりたいことがよくわからないんです」という話も本当によく聞きます。

ここで書きましたように、それは、やりたいことを大きく捉えすぎていたり、「何か形にしなければいけない」と思うからわからなくなってしまっているだけの場合がほとんどです。

しかし、**どうしてもわからなければ、わからないでも、今は大丈夫。**

その場合は、ただ、「毎日の生活」「目の前にあるもの」を楽しんでください。

「見つかるときに見つかるだろう」というような気持ちで大丈夫です。

「どんな場面においても、自分を責める必要も、焦る必要も一切ない」

そのことを忘れないようにしましょう。

3章

いつでも自分を「まるごと全肯定」!

これで「ミラクルな波」も簡単キャッチ

1

「余裕のかまえ」で進めばいい

これから、自分の本当にやりたいことを知った後、何から始めたらいいかを見ていきます。

そこで、まず最初にお伝えしたいのは、今の状況に焦る必要はまったくないし、やりたいことに踏み出すからといって、たとえば、今の仕事をやめるなど、すぐに、今いる環境をガラッと変える必要はまったくないということです。

多くの人にとって、いきなり環境を変えてしまうのは難しい話だと思います。

むしろ、「今すぐ環境を大きく変えないほうがいい」とさえ、言えます。

なぜなら、あなたの望みに対する考え方、感じ方が変わらなければ、環境を変えても何も変わらないでしょうから。

あなたはやっていることや環境のせいで、「今、楽しくない」と思っているかもしれません。そして、環境さえ変われば楽しくなる、と思っているかもしれませんが、実はそうではなく、あなたの心の状態が問題なのです。

今の状況が変わったら楽しくなるのではなく、**あなたが本当にやりたいことに向き合い、何事をも楽しむ心を持っていたら、楽しい毎日がやってきます。**

「ふと、こうしたい」「これが気になる」は心のメッセンジャー

とにかく、「本当にやりたいこと」さえ見つけてしまえば、それに出会ってしまえば、あなたは自分を抑えることができなくなります。

それをやってみずにはいられなくなるのです。

あなたが「やりたいこと」を見つけた時点で、それは実現すると決まっています。実現しないことに対し、あなたは心からワクワクしたり、「やりたい！」と思うことはありません。

後は、自分の**「ふと、こうしたい」「これが気になる」という気持ちに従って進んでいたら、チャンスは向こうからやってきます**し、どのように動いたらいいのかもわかってきます。

すべては、自然に起こってきます。

「やりたくないことをできる限りやらない」という少しの勇気はいるかもしれませんが、何もリスクを冒さず、一歩一歩、やりたいことに移行していくことができるでしょう。

2

あなたの近くにいる「夢を叶えている人」

あなたの「やりたいこと」や「好きなこと」がわかってきたら（はっきりとではなくとも、おぼろげでもかまいません）、その方向性の先にいるであろう人たちを探してみてください。

「ネットで検索する」といったことでかまいません。

しかし、実際には、自分で探すまでもなく、「やりたいことをやるぞ」と決めただけで、そのような人に出会ったりします。

私も最初に、「書くことを中心にして、生きていきたい！」と思ったとき、同じマンションに住む以前から知っているご夫婦が、カメラマンとフードライターの仕事をしていることを知りました。

自分の好きなことをして、楽しそうに暮らしている方が、これほど身近にいたことにそれまでは気づかず、**「やりたいことをして自由に生きていきたい」と思い始めただけで、まわりにそれを実現している人を発見した**のです。

当時は、自分自身もそのように生きていけるとは思えませんでしたが、近くで私の理想に近い生活をしている人に出会えただけでも、「もしかすると、自分もできるのかもしれない」と思えるきっかけになりました。

「やりたいことをやって暮らせるわけがない」というのは真実ではなく、多くの人が抱いている思い込みにすぎません。

他の人がそう思っていても、あなたまでそう思う必要はないのです。

ほんの少し、「そんな人がいるかもしれない」と思うだけで、本当に夢を叶えている人に出会うことができるでしょう。

あなたは、**自分が意識するものを現実に見る**からです。そして、実際に出会うと、あなたの思い込みも変わっていきます。

また、そういう人に出会ったとしたら、自分もそうなれる日が近いということです。今の自分とかけ離れたものを、あなたは見ることはないのですから。

できることを〝片っ端から〟実行に移す

ここが一番大事なのですが、あなたの好きなこと、やりたいことがわかってきたら、できることを片っ端から実行に移しましょう。

・ピアノを弾きたければ弾く
・踊りたければ踊る
・絵を描きたければ描く

・服やアクセサリーをつくりたければつくる
・植物を育てたければ育ててみる
・旅行に行きたければ行く、少なくとも計画を立て始める

というようなことから、日常の中の、

・美味しいコーヒーが飲みたければ飲む
・読みたい本があれば読む
・部屋を掃除したくなったらそうする
・寝たくなったら寝る

さらには、

・朝起きて、深呼吸するのが好きならそうする

・通勤するのに、今日は別の道を通りたくなったらそうする

このような、ちょっとしたことでも、意識して片っ端から実行していきましょう。

「こんなことに何の意味があるの？」と思うかもしれませんが、こういう小さなことがとても大事です。

好きなことを実行に移すことで、あなたの喜びは深くなります。心の喜びを忘れているような場合でも、徐々に思い出していくことになるでしょう。

あなたは、あなたの感じていることを常に引き寄せ続けますので、そうして**幸せを感じ続ければ、幸せも喜びも引き寄せ続ける**のです。

この世には、「引き寄せの法則」が絶対的に働いています。

またそれは、あなたが「願いを叶えている」という状態でもあるのです。

「願いを叶える」というと、有名になる、広い家に住む、憧《あこが》れていた職業に就《つ》く

など、大きなものを想像するかもしれません。でも、たとえば、「ジョギングをしたい！」と思い、実際にジョギングをするのだって、願いを叶えたということなのです。

そしてあなたが、そうした「小さな願い」を叶え続ければ続けるほど、大きな願いも自然と叶うようになってきます。

自分の普段考えていること（願いというのは叶うものなんだな）、そして自分の気分（好きなことをして、いい気分）があなたの現実を引き寄せますので、あなたの現実は、本当に望むものへと変わってくるのです。

「直感」をできるだけ信頼してみる

どんな小さなことでも、やりたいことをやっている時間が生活の中で長くなればなるほど、幸福度は上がっていきます。

そして最終的に、「やりたいこと」が毎日できるようになってくると、あなたは幸せそのものを生きているという状態になります。

やりたいことをやるのに理由はいりません。

このあたりは、女性のほうが得意かもしれませんが、理論ではなく、直感で動いてしまっていいのです。直感をできる限り信頼してみましょう。


「なんとなくいい」

「こっちがいい」

「ただ、ワクワクする」


自分が感じていることに、最大限の注意を払ってみてください。

頭で考えたことではなく、「心の声」に耳を傾けましょう。

「マイブーム」とか「スイッチが入る」というような状態が訪れたら、かならず実行しましょう。

心の声というのは、「本当の自分の声」です。その声に従っていると、奇跡的なことが起こってくるでしょう。

もし、直感がわからなければ、わからないでも大丈夫ですので、不安になることはありません。**「ちょっとでもやりたいな」と思うことを実行する**、とにかくそれを生活の中に落とし込んでいきましょう。

「好きなことをしている時間」を少しずつ増やしていく

もしかしたら、「寝たければ寝る」といっても、「日々の仕事や子育てが忙しくて、寝る時間も十分にとれない。だから、やりたいことなんてできないんだ」と思う人がいるかもしれません。

そんな場合も、落ち込む必要はありません。とにかく、**「できる範囲でいい」**ということを忘れないでください。

平日の昼間働いている人は、夜とか、週末とか、少しの時間でも最初はまったく問題ないのです。
子育て中の人は、少しの時間、誰かの手を借りてもいいのです。

それがあなたの「本当にやりたいこと」なのであれば、宇宙が後押ししてくれて、だんだんとやりたいことをやっている頻度《ひんど》や時間が大きくなり、気がついたら、生活のほとんどがやりたいことになっている——そういうふうに現実は動いていくのです。
最初から百パーセントを目指すのではなく、少しずつ、自分が好きなことをしている時間を増やしていきましょう。

そして、「やりたいことができていないな」と思う時間については、後ほど詳しくお伝えしますが、

「やりたくないことの中に、やりたいことを見つける」

「やりたくないことをやりたいことに変えていく」

ということをしていきましょう。

そうすると、あなたの現実はワクワクすることだらけになっていき、最終的に、「好きなことをして生きている」という状態になります。

3

「やりたいことがいっぱい」あっても大丈夫！

やりたいことのうちで、

「これは続かなさそうだから、やらないでおこう」

「これはお金がかかりそうだから、やらないでおこう」

というふうには、考える必要がありません。

どれでもいいから、とにかくやりたいことをやる、これがポイントです。

やってみなければ何もわかりませんので、やる前に判断してしまわないようにしましょう。

「携帯のデコレーションをひたすらやりたい」

「クッキーのアイシングが好き」

「発酵《はっこう》食品が好きでつくり続けたい」

「ただただ、人の話を聞くのが好き」

「自然が好きでいろいろなところに出かけたい」

なんでもかまいません。あなたの心の声に従いましょう。


また、「やりたいことや好きなことがたくさんあって困る」という人もいるかもしれません。その場合は、ひとつに絞《しぼ》ってしまう必要はなく、できるものは全部やってみてください。

とはいっても、身体はひとつしかないので、順番をつけるとしたら、できる環境が整っていて、自然にできるものからやるといいでしょう。

宇宙の流れ、つまり**あなたの身の回りで起こる出来事というのは完璧**です。その流れに身を委《ゆだ》ねる、流れに乗るだけでうまくいくようになっているのです。

ですので、「自然とうまく流れるものからやる」ということを基本として、**「できることはチャンスがあればなんでもやってみる」**というのが、宇宙の流れに乗っていく一番よい方法です。

その過程で、「やってみたらこれは違ったな」とか、「思ったほど、楽しくなかった」という棲《す》み分けが自然とできてきます。

「我慢の無限ループ」に注意！

「ひとつのことを集中してやったほうがいいんじゃないか」と思われる方もいるかもしれません。もちろん、ひとつのことをとにかくやりたくて、他にまったく興味が持てないならそれでもいいのです。

しかし、他にもやりたいことがあるのに我慢して、無理に、何かを達成するためにひとつのことをやろうとしていたら、「我慢の波動」が出て、さらに我慢しなくてはいけないような現実がやってきます。

何も、我慢する必要はないのです。あなたの一番の夢に直接つながっていないようなことでも、すべてつながっていますので、やりたいことで、できるものがあれば、それは全部やるようにしていきましょう。

私自身も何度も経験しましたが、別のことをやっていたら、それがどんどん別のやりたいことに有機的につながっていくのです。

とにかく、あなたが、「今やりたいことをやって楽しんでいる」「今やりたいことをやってワクワクしている」という波動を出していれば、「何をするか」にはこだわらなくて大丈夫なのです。

ここで、ひとつだけ注意点があります。

一見、「楽しんでやっている」と感じられるようなことでも、満たされない現状の反動でやっている、というものがあるかもしれません。

たとえば、必要以上に飲みすぎてしまう、といった「やってもやっても気持ちが満たされず、中毒症状のようになってしまうもの」については、あなたの本当のワクワクではない可能性が高いのです。

その場合は次章でお伝えする、「日常を楽しむ」ことを重点的にやってみてください。

あなたの毎日の生活が満たされていけば、中毒的に何かをやってしまうということは、自然となくなっていきます。

4

「こうしたい!」という思いが湧いてくる秘訣

最初は、「やりたいことをどうやったらいいかわからない」こともあるかもしれませんが、それで大丈夫です。

とにかく初めは、「結果がどうなるか」というところは考えずに、できる範囲で、できることをやってみることが大事なのです。

そうしていると、ふと、「こうすればいいんじゃないか」というようなアイデアが降ってきたり、あなたのやりたいことを実現できる手段を持った人に出会ったりします。

小さな一歩でかまいません。

たとえば、「テレビに出て何かを伝えたい」という夢があるとして、明日いきなりテレビには出られないかもしれませんが、「自分で動画を撮って YouTube にアップしよう」と思うかもしれません。

たとえば、「料理することが好き」だとして、明日からレストランのシェフになることはできないかもしれませんが、「自分の好きなものを料理して、それをインスタにアップしてみようかな」と思いつくかもしれません。

そのように、「ふと思いついてやりたいと思うこと」をどんどん積極的にやっていきましょう。

そうしてやってみることで、あなたは今までの自分では考えられないようなことを引き寄せますので、その先のことまで考える必要がないのです。

自分が気楽に、無理なくできることをやれば、それで大丈夫です。

私も、最初に本を出したいと思ったとき、「自分で出版社に売り込む」なんていうことはできませんでした。

そんな自信はまったくなかったですし、当時、会社員と子育てを両方やっていて、そんな時間も労力も割《さ》けるとは到底思えませんでした。

ですので、「ただこうしたい」ということをしたのです。

それが、ブログを続けていくことであり、そして、出版エージェントに自分の企画を送ってみるということでした。ただ、思いついた「やりたいこと」をやっていたら、最初の本の出版の話につながったのです。

「やる気」は出ないほうがGOOD!?

この経験談をすると、「やっぱり『やる気』が必要なのでは？」と思う人もいるかもしれません。

でも実は、あなたが本当にやりたいことをやるとき、そこに「やる気」は必要ありません。

「やる気を出しなさい」と、学校でも会社でも言われ続けてきたかもしれませんが、やる気を出さなくてはいけないのは、あなたがやりたくないことをやっているからです。

むしろ、**「やる気」を出す必要がなくてもやってしまうことを見つけるほうが大事**なのです。

これについては、子供を見ているとよくわかります。子供は、自分の好きなことをやっているとき、やる気なんて出していませんし、本当に疲れを知りません。

たとえば、保育園の遠足で芋掘りに行くとき、帰りのバスで大人は疲れ切っていますが、子供たちはまだまだ元気です。

誰も「やる気を出せ」なんて言っていないのに、やる気満々です。

大人になっても、それは可能なのです。

しかし、多くの大人が、わざわざ「やる気」を起こさなくては何もできないような状況に陥《おちい》ってしまっています。それは、その大人にやりたいことをやるための能力がないからではなく、単に、気持ちが乗らないままにやっているからなのです。

何かをしようとして、やる気が出ないなら、それを無理にやる必要はありません。むしろ、その時間に、休憩したり、ゴロゴロしたり、瞑想《めいそう》したりして過ごしていたほうが、あなたは「本当にやりたいこと」に近づいていきます。

そんなふうにしていると、あるとき内側からふっと、「これがやりたい」というようなことが湧き上がってくるのです。

自分のワクワクを知れば、身体は勝手に動き出します。

「こうしなきゃ」「ああしなきゃ」ではなくて、「こうしたい」「ああしたい」と自発的にそうしてしまうのです。

本当にやりたいことさえ見つけたら、もう後は自動操縦です。
すべては自発的に起こってくるのです。
ただ、大好きなこと、そうしたいと思うことをやり始めるだけでいいのです。
それだけで、自然とすべてがうまく回り始めるのですから。
無理にやる気を起こすのはやめましょう。
嫌なことを、無理して頑張る必要はまったくないのです。

5

「できること」にもっと目を向けてみるだけで……

あなたがやりたいことをやっていくために、今この時点で必要のないものは、それを「実現させるための能力」です。

正確に言うと、「現時点で、あなたが自分自身に対して、やりたいことを実現していく能力がある、と思えている必要はない」ということです。

「能力がなければ何もできないのでは？」と思うかもしれませんが、**あなたが本当にやりたいことを実現していく能力は、すでに備わっています。**

今はそう思えないかもしれませんが、それは、揺るぎない真実です。例外はありません。

世間的な幸せではなく、自分が幸せになるために、自分のやりたいことを実現するために、必要なものを持って生まれてきていない人はいないのです。

ただ、これまでの思い込みや常識などから考えて、「自分にできるわけがない」「自分にその能力があるわけがない」と制限している、というケースは多々あります。

ですので、今の時点でもし、やりたいことがおぼろげにわかったとしても、「自分にできるわけない」「そんな能力があるわけがない」と思うかもしれませんが、それでも大丈夫。

私自身も、最初の本の出版が決まった時点でもまだ、「自分にできるのだろうか？」と半信半疑でした。

しかし、**「できることから少しずつやる」**ということを続けるだけで、完成させることができました。そして今では、私にとって「本を書く」というのは、まったく難しいことではなくなりました。

自分が本当にできないことであれば、それにはご縁がないので、能力があるかどうかは気にしないようにしていきましょう。

逆に、自分に能力がありそうなことでも、ワクワクしないことであれば、やらなくてまったくかまいません。

好きなことをやり続けていくと、それが上達して、あなたの能力になっていきます。好きだからこそ、どんどん上達していきます。

好きなことをやり続けたら、誰でも天才なのです。

以前、ラスベガスで《マイケル・ジャクソンONE》というショーを見たときに、私はこの思いをさらに強くしました。

そこには、片足のダンサーがいたのです。ハンディキャップがあっても諦めずに「自分のやりたい」に従った結果、世界でも有数のこの舞台に立つことができたのでしょう。

そして、「片足だからこそ」できるパフォーマンスを見せて、私たちを楽しませてくれたのでした。

あなたがやりたいことをやれば、それを実現する能力は自然と引き出されてきますので、今の時点で、自分に能力があると思えなくても大丈夫です。

どんな自分も「全部」認めよう！

この世はあなたが心から信じている通りに、そして、感じている通りにつくられていきますが、**これから進む道に、不安が多少あってもいいし、百パーセントの自信がなくてもまったく大丈夫**なのです。

ただ自分で、その夢が叶うのは無理だと否定しないでください。

無理だと思い浮かんできたら、**「もしかすると自分にもできるかもしれない」**と思い直して、ベクトルを**否定**↓**肯定**へと、少しだけでいいので向けましょう。その信じている度合いが十パーセント程度でもかまいません。

私が最初に、「本を書きたい、書くことを生活の中心にして生きていきたい」と思い始めたとき、それは途方もない大きな夢でした。それが実現するなんて、ほとんど信じられなかったのです。

でも、それは実現したのです。

なぜでしょうか。

ひとつは、私が魂から湧き上がる「これがやりたい」に従ったから。

もうひとつは、その実現を完全に信じることはできなかったけれど、「否定はしなかった」からなのです。

6

お金も時間も"ずんなり"引き寄せていく不思議なパワー

多くの人は、「お金を貯めてからやりたいことをやる」「子育てが一段落ついてからやる」と言って、それまでの間、やりたいことをしないままに膨大な時間を費やしてしまうのです。

「幸せになりたい」と言いながら、幸せに近づくことをしないでいるのです。

あなたの今の状態が、あなたの現実を引き寄せ続けますので、今、幸せでなければ、ずっとその現実は変わりません。

実際は、お金を貯めなくても、子育てが一段落するまで待たなくても、やりたいことはできるのです。

というよりも、本当にやりたいことをやり始めると、お金も時間も含めて、かならずうまく回り始めます。ですから、「お金がない」「時間がない」というのを理由にせず、できることから始めていきましょう。

お金や時間を理由にして、やりたいことにストップをかけているとしたら、それは単に、「そこまでやりたいわけではない」ことであったり、「目先の利益や生活のためにやりたい」と思い込んでいるものです。

あなたは、本当にやりたいことや欲しいものに対しては、お金を出すことを惜しみませんし、「本当にやりたいけど、今はそのお金がない」ということに対しては、どうにかしてお金を引き寄せてしまうのです。

「スイスイとうまくいく人」の秘密

いったん好きなことをやり始めると、それをもっと極めたいという気持ちも出てくるかと思います。

競争社会で、やりたいことを見つけて「成果を出そう」と思った瞬間、周到に現状を調査したり、他人の状況を調査したり、すでにうまくいっている人のやり方をマネてみたりと、「さまざまな戦略を練る必要がある」と思うかもしれません。

そのようなことを心からやりたいなら別ですが、そうでないなら、これも、あなたがやりたいことをするためには必要のないことです。

単に、**やりたいことを楽しくやればいいだけ**なのです。自分が楽しくしていたら、チャンスもおのずとやってくるし、成果も出てきます。

いつもピリピリしてチャンスを狙い、周囲の人を利用しようとするような波動を出していたら、それによって、なんらかの成果は得られるかもしれませんが、結局、同じような人しか周囲に集まらず、人間関係はぎくしゃくし、満たされない思いが続くでしょう。

数字や成果を目標にして、今の楽しみを犠牲にしていては、楽しくないことを引き寄せてしまいます。

まったくガツガツしていないのに、スイスイとうまくいく人、そんな人があなたのまわりにもいるかもしれませんが、彼らは目の前のことを楽しんでいる人です。

仕事も含め、毎日を楽しんでいると、かならず、あなたが満足する結果が後からついてきます。

つらくても「なぜだかやってしまう」こと

やりたいことをやり始めたとき、「やりたいからやっている」「好きでやっている」はずなのに、いつの間にか、それが大変でつらくなってしまう、というような状況になることもあるでしょう。

新しいことを実行に移すときには、試行錯誤《しこうさくご》がつきものですし、その過程で難しく感じることもありますね。また、自分が本当にやりたいことへのステージに立つには、そのための勉強や訓練が必要なことも、もちろんあるでしょう。

「やりたいことをやる」というのは、「ラクをする」ということとは違うのです。本当にやりたいのなら、その勉強や訓練さえも、「嫌なこと」ではなく、「やりたいこと」になっていくのです。


やりたいことをやっていると、すべては楽しみや喜びへとつながっていくのは間違いありません。

つらくて、嫌になってしまってやめてしまうようなものは、そこまでやりたいことではないので、これも、こだわらないようにしましょう。

「つらくても、大変でも、なぜだかやってしまう」

「これが好きだし、やりたい！」

そう思えるものが、かならずあります。

また、「つらくてやめてしまっても、やっぱりまた気になって始める」ということもあるかもしれません。ですが「それもまたよし」なのです。

「途中で休んだらダメ」というルールはありませんので、**気楽にいきましょう。**

やめてしまっても自分を責める必要はまったくありません。

過去に、諦めてしまったことがあっても、悔《く》やむ必要はないのです。

それによって、自分自身をよりよく知っていくための「ひとつの貴重な経験」になったと喜びましょう。

1 「先のことまで考えない!」がポイント

これはとても大切なことなのですが、実は、やりたいことを必死で探そうとする必要はありません。

そもそも「探す」という行為自体が、「今はないから探す」「今、自分のやりたいことがやれていないから探す」「今が不満だから探す」わけであり、今の「ない」「できていない」「不満だ」という波動が出てしまうため、その波動に見合ったことを引き寄せてしまうのです。

必死に探せば、何かしらは見つかるかもしれません。でもそれは、あなたが本来やりたいことではないことが多いのです。

やりたいことは「探す」のではなく、**ただ毎日、自分の中から湧き上がってくる「こうしたい！」という思いを大切にしたらいい**のです。すると、それが自然と本来のやりたいことにつながっていきます。

あなたの「本当にやりたいこと」が向こうからやってくることさえ起こるのです。

ある日突然、思いもしなかったようなお誘いが来たりするので、今から、先のことまであれこれ考えなくてもかまわないのです。「想像もしていなかったこと」が起こりますので、考えても、あまり意味がありません。

自分の「こうしたい！」という思いにだけ素直になれば、それから先のことは「宇宙にお任せ」です。

やりたいことを探す時間があるなら、少しでも「自分が楽しいな」「ほっとするな」「心地よいな」と思えることをしましょう。

ただ、お気に入りのカップでお気に入りの本を読みながら、好きな飲み物をゆったり飲む、というようなことでもいいのです。

あなたが、**自分が心地よいと感じる波動、自分がワクワクする波動を発するだけで、それが引き寄せられてきます。**これが「引き寄せの法則」なのです。

苦手なことは「得意な人の力を借りる」!

こんな場合もあるかもしれません。

たとえば、あなたの夢がカフェを持つことだとして、自分自身は料理やメニューづくりは好きでも、仕入れや経理的なことは苦手だとします。

そこで、「お店を持つのなんて無理かな……」という思いが湧き上がってくるかもしれませんが、そんなことで、自分の願いを諦めなくても大丈夫です。

あなたの苦手なことが得意な人、あなたがやりたくないことを喜んでやってくれる人というのは、かならずいます。

もちろん、自分でもやりたい範囲でできる限りのことはやるとしても、あなたが、自分のやりたいことに前向きになり、それにワクワクしていれば、苦手な部分を助けてくれる人は、かならず現われてくるのです。

私自身、書くことは好きですが、その他のことはそれほど好きなわけではありません。とくに、セールス的なことはとても苦手です。

自分が何かをして、直接お金をもらうなんて、最初は本当に考えられませんでした。今でも多少の抵抗はあります。ですが、自分が本当にやりたいことをしていれば、苦手なことは私がやらなくても、誰かがやってくれるのです。

たとえば、本を売ることに関しては、出版社の営業の方が頑張ってくれるわけですし、セミナーなどの開催も、自分から「やりたい！」と言って、喜んでやってくれる人が現われるのです。

もちろん、ブログでの告知など、できる範囲で私もやるのですが、あくまで、「自分が楽しくできる範囲」です。それ以外のことは、自分でやらなくても、やってくれる人が現われてちゃんとうまくいくのです。

あなたもきっと、そんな人たちに、本当に自然に出会うでしょう。

自分が何も狙わなくても、向こうから勝手に、時には信じられないような経緯を経て、あなたを助けてくれる人が現われます。

自分ですべてやろうとしなくて、大丈夫です。**できないことがあって当たり前**ですので、そのことを心配しないようにしましょう。

4章

「今を楽しむ」ことに集中！

「いい気分」のつくり方

1

「すでにある豊かさ」に気づいてますか？

前章でもお伝えしましたが、やりたいことをやろうと思って、すぐに環境まで変える必要はありません。

ここでは、今の状況で少しでも心が満たされる毎日を送るにはどうしたらいいか、見ていきましょう。

そのためには、二つの方法あります。

ひとつは、先ほどからお話ししている**「本当に好きなことを見つけて、それを追求する」**こと。

もうひとつは、**「すでに目の前にある、今の環境を楽しむ」**ことです。

もちろん、やりたいことをすぐにやって、お金まで稼げたらいいのですが、そうなるまでにある程度の時間が必要なことは多いですし、やりたいことが見つかっても、生活のすべてをそこに向けたいわけではない人もいるでしょう。

そんなときは、今の環境の中に、楽しみを見つけていきましょう。

やりたいことに前向きになるとともに、今ある場所を楽しいものにしていくことが大事なのです。

満たされない気持ちを減らしていくためにも、今やっていることを、少しでもワクワクする方向へと変えていきましょう。楽しみましょう。

夕食ひとつつくるのでも、あなたが楽しみながらつくるのと、イヤイヤつくるのとでは、同じレシピでもまったく違うものができ上がるはずです。部屋の掃除ひとつとっても、自分が納得いくよう、満足いくようにするのです。

今ある環境を楽しいものにしようと決めると、そこに、**「あなたらしさ」を表現**していくことができます。そして、小さな自分のこだわりや自分の満足を追求していくと、自分を表現できる範囲が広がってきます。

すると、今まで当たり前だと思ってしてきたことに対して、まわりから、「いつも、ありがとう」と感謝されたりします。それによって「今度はこんなものをつくろう！」「こんな工夫をしてみよう」とワクワクしてくるような前向きさが生まれます。

〝心の持っていき方〟で状況は変わる！

たとえば、読者の皆さんの中には、「働くことをほとんど楽しめていない」という人がいるかもしれません。しかし、もとは自分で選んだ職場や職業なのですから、少しはやりたい要素、好きな要素があるのではないでしょうか。

私も、以前は貿易商社で働いていたのですが、嫌なところ、不満なところもたくさんありながら、やはり、海外に関われるという部分は好きでした。

そこで、海外の人とのコミュニケーションを楽しむようにしたり、英語の書類づくりにちょっとこだわってみたりしました。

また、書くことは好きでしたので、日本語のメールも、どうしたら相手に一番伝わるか、わかりやすいか、どうしたらお互い気持ちよく仕事ができるか、そのあたりにこだわってメールを書くようにしました。

すると、ずいぶんと気持ちよく仕事ができるようになりました。

ひとつひとつは小さなことですが、半年から一年もすれば、あなたはかならず変化を感じるはずです。

まず、**環境は何も変わっていないのに、あなたの感じることが変わってきます。**

以前は嫌で嫌でたまらなかったことが、それほどでもなくなったり、他人のことが、あまり気にならなくなってきます。

その後、あなたに起こる出来事が本当に変わってくるでしょう。

私自身、会社の仕事は入社以来、八年間ずっと事務作業のみでした。

しかし、会社の仕事を自分なりに楽しむようになって半年後から、毎月のように、自分の大好きな東南アジアの国に海外出張へ行ける機会が降ってきました。

それまでは、女性が出張するということはほとんどないような古風な会社だったのですが、そんな慣例とは何も関係なく、「自分の望むこと」が降ってきたのです。

その数カ月後には、私が以前住んでいた、深い関わりのあるインドネシアに子会社を出すことが決まり、その仕事を担当させてもらえることになったのです。

「すでにあること、目の前のことを楽しむ」という姿勢を持っていると、どんどんと幸せが引き寄せられてきます。

またそうして、目の前のワクワクを増やしていくと、自然と、本当にやりたいことへの道が開けてきます。小さなワクワクが、かならず次のワクワクを連れてきてくれるのです。

そして、気がついたら、最初の状態からは考えられないような出来事が自然と起こってきます。

たしかに、会社での仕事は本当にやりたいことではなく、嫌なこともいっぱいありましたが、会社員を続けながら、目の前のことをできる限り楽しむように変えていきました。

結果、それが「本当にやりたいこと」への扉を開いてくれたのです。

あなたが楽しくしていると、「引き寄せの法則」により、かならずもっと楽しいこと、ワクワクすることが引き寄せられてくるのです。

2 毎日のちょっとした「いい気分」に注目！

日々の生活を楽しんでいくとともに、自分で自分の気分をよくする工夫をしていきましょう。

何度もお伝えしていますが、あなたが楽しんでいると、かならず楽しいことを引き寄せますので、仕事や人間関係にも、どんどんいい影響が出てくるのです。

私自身も、旅行に行くなどして、好きなことをして遊べば遊ぶほど、やってみたくなるような面白い話が舞い込んできたり、これまで書いた本が増刷になったりします。

遊びすぎてスケジュールがきつくなって、その後、必死で仕事をこなした――なんて笑い話もあるのですが、それも楽しくて、やりたいからやっているのでよい経験です。

毎日を楽しくするには、自分自身がよい状態でいることが欠かせません。**日々のちょっとしたことを楽しむようにすると、仕事や人間関係もうまくいき始めます。**

もし、日常を不満げに過ごしていて、「仕事だけ楽しい」「家にいるときだけほっとする」「お酒を飲むときだけは気分がいい」ということであれば、それは仕事や家、またはお酒が逃げ道になってしまっていて、とても幸せだと言える状態ではないでしょう。

あなたが「本当に、毎日が楽しい！」と言えるとき、それは、家の外にいる自分もプライベートの自分も同時に底上げされて、甲乙つけがたい状態になっているのです。

「今すぐ幸せを感じられる」とっておきの方法

日常生活をいい気分で過ごすためには、どんなことをすればいいのでしょうか。

たとえば、

「ご飯を食べるときのお箸を、触って心地のよい素材のものに替えてみる」

「部屋に観葉植物を置いて、それを眺める時間をつくってみる」

「家事をするのにも、洗剤をお気に入りのものにする」

など、ちょっとしたことでいいので**「あなた自身が心地よくなることをやってみる」**ことです。

小さいことだと馬鹿にしないでください。

日常生活を楽しむとは、あなたが今すぐ「幸せを感じる」最も手っ取り早い方法です。あなたの「幸せになりたい」という願いを叶える確実な方法なのです。

続けているうちに、幸せというのは、まだ見ぬ何かにあるのではなく、日常にあったのだと気づくでしょう。


「日常生活を楽しむこと」を意識的にしていくことは、今やりたいことがよくわからない人にも、とてもおすすめです。

「できる限り楽しもう」という姿勢でいると、楽しみへの感度が上がってきます。

すると、自分が本当に楽しいと感じることは何なのか、だんだんと見えてきて、やりたいこともわかってくるようになるのです。


「今」がすべてを引き寄せます。あなたが「今」をおろそかにして、いつまでもまだ見ぬ未来ばかりに期待していても、何も変わらないでしょう。

逆に、あなたが、「今」与えられているものを楽しみ始め、そして、そのありがたさを少しでも感じ始めると、あなたは〝幸運のスパイラル〟へ一歩踏み出したことになるのです。

その過程で、「やりたいことが実現して、自由に生きる人生」というのが引き寄せられてくるでしょう。

何事もうまくやろう、いいことを起こそうとするのではなく、生活全体を楽しむようにしてください。

「心地よいもの」に囲まれる

二〇一五年、私はバリ島へ移住しました（その後、二〇二〇年に帰国）。損得や便利さで考えたら、日本に住んでいたほうがいいに決まっています。私は日本語の世界で生活をし、仕事をしているのですから。

また、娘の学校のことを考えても、バリ島へ移住することには難しさを感じていました。そもそもバリ島には、日本人学校はなかったからです。

でも、「バリ島に住んだら、さらに心地よいだろう」という自分の「こうしたい！」という気持ちに従って、移住することにしたのです。

これは決して、「移住までして自分の心地よい選択をしなさい」と言っているわけではありません（もちろん、そのようにできる人にはそれも選択肢としておすすめしますが）。

そうではなくて、住む場所が同じままでも、他に替えたとしても、**少しでも今の自分が「心地よいな」と思えるもの、心がハッピーになるものを、あなたのまわりに置いていきましょう**、ということです。

「高くていいものだから」とか「流行っているから」ではなく、「自分の心がそれに反応するから」――そのように選んでいくのです。

そうしていくうちに、**「本当に必要なものは、それほど多くはないな」ということに気づく**でしょう。

人でも、ものでも、多くと関わりすぎたり、多くを持ちすぎると、自分の軸がブレ始めるのではないでしょうか？

私は、服は好きなブランドがいくつか決まっていて、基本的にはそこでしか買いません。その他のものも、「本当に好きなのか」「必要なのか」を自分に確認してから買うようにしています。


本当に心地よいものを厳選して、それに囲まれる。

自分の心の声に耳をすますことで、ものも、人づきあいも、むやみに広げないようにしています。

とにかく、日々を心地よく過ごしていくことが、あなたの人生のすべてを底上げしていくことにつながるのです。

3

「素敵な人間関係」を築くコミュニケーション術

あなたが日常生活を心から楽しむためには、人間関係もとても重要になってきます。

たとえば、あなたの夢が実現するとき、それはかならず、あなた以外の誰かの協力が必要でしょうし、あなた以外の誰かがあなたを必要とするからこそ、形になっていったりもするからです。

ですので、まず、**今の人間関係を大事にする**ことから始めてみましょう。

もちろん、あなたの周囲には、非常識な人も、嫌いな人も、いるかもしれません。

「嫌だな、最悪だ。なんであんなこと言うの？」といった思いや気持ちが湧き上がってくるのは、当然のことだと思います。いつも感謝の気持ちで、なんていられるわけはないでしょう。

そんな自分を否定する必要はありません。

食べ物に好き嫌いがあるように、**人にも好き嫌いがあって当然**なのです。だから、「嫌いだなと思う人がいるのは仕方ないな」と認めてあげてから、こう考えてみてください。

「人間関係における〝私の望み〟って何だろう？」と。

きっと嫌だなということをずっと感じていたり、怒ったり、悲しんだりすることではないですよね。あなたの望みは、うれしいと感じたり、喜んだり、感謝を感じたりするということ。

だったら、その嫌な人の中にも、「ここだけはいい」と思えるところを探していきましょう。

「相手に感謝できる点」を探す！

これは、「理不尽な人に無理に感謝しよう」ということではありません。一歩引いて、客観的に相手を見てみましょう、ということです。

理不尽な人への対処法を考えていたら、自分なりの対人スキルがアップした、ということは十分にありえますね。

そうであれば、その理不尽な人にも少しは感謝できるかもしれません。ある意味、その人のおかげなわけですから。

嫌いな人を、無理に好きになる必要はまったくないのですが、その人を嫌いなままでも感謝する、ということはできるのです。

どんな人でも、あなたが出会う人、接する人に対し、**「ここは（ちょっとだけでも）感謝できるな」というような見方を選択**していきましょう。

友達や恋人や家族に対しても同じです。

あなたが、「いいところ」や「感謝できるところ」を探すかどうか、それが彼らとの人間関係を決めていきます。

毎日を丁寧に生きると、人生が変わります。それと同じように、目の前にいる人に対する自分の考え方、見方を変えるだけで、一年もたてば大きな変化が生まれてくるでしょう。

もちろん、これは「どんな人とでも、上手につきあわなければいけない」ということではありません。

あなたがつきあう人を選べる状況にあるのであれば、できるだけ、好きな人とだけ過ごすようにしていいのです。嫌いな人に自分から関わる必要はありません。

しかし、仕事や学校、家族の関係などで、嫌な人と関わらなくてはいけないこともあるでしょう。そんなときは「新しい見方」を選択してみてください。

いずれ、その嫌な人が変わっていくか、変わらないまでもあなただけには優しく接してくれるようになるか、あなたの前からいなくなるか、といった変化が起こってくるでしょう。

今の人間関係に大きな不満を抱きながら、あなたが願いを叶えていくための素晴らしい人間関係を引き寄せていくことはできません。

今ある人間関係に感謝する、このことを心がけていきましょう。

4　「やりたくないこと」を手放す練習

「今の環境を楽しむ」のは素晴らしいことです。

とくに、「本当は環境を変えたいけれども、事情があって現状はできない」場合や、「新しい環境に踏み出す勇気がまだない」場合には、あなたがとれる最善の選択肢です。

ですからもし、今の環境でやりたくないことがあり、状況的、または心理的に断れるものであれば、それは積極的に断るようにしてください。

やりたくないことをやると、とにかくストレスが溜《た》まります。ストレスは、あなたの心にも、身体にも、よい影響を及ぼすことはありません。

「やりたくないことを断ったら、周囲の人に迷惑をかけるのでは？」と思うかもしれませんが、実際はその逆です。

あなたが、やりたくないことをうまく断り、ストレスから解放されると、周囲の人にもよい影響を与えます。誰しも、近くにいる人がストレスでイライラしているのを望んでいないからです。

「やりたいこと」をできるところから始めると同時に、**「やりたくないことはできるだけしない」**ということも始めてみましょう。

心をいつでも「飛び立てる状態」に整えていく

これまでお話ししたように、

・やりたいことは片っ端からやる

・今の環境（日常生活）を楽しむ
・やりたくないことは、できる限りしない

　ということを意識的に続けていると、あなたは、だんだんとやりたいことを引き寄せるようになり、楽しい時間が増えてきて、いつの間にか「やりたいこと」が仕事になるようなタイミングが来るときもあります。

　その時が来たら、自分でわかります。自分に素直になっているあなたは、そのころにはもう自分をずいぶんと信頼できるようになっているのです。

　そして、タイミングが来たら、思い切って自分の本当にやりたいことへ舵《かじ》を切ることも必要です。そのとき、多少の勇気がいるかもしれません。

　私自身、会社を辞めるときは、私の持っている勇気を振り絞りました。

　一応、そこそこ業績の悪くない会社の正社員で、このまま働けば、普通の暮らしはできそうだったのですから（もちろん、会社員であっても何が起こるかわかりませんが）。

何度も何度も葛藤《かっとう》がありました。会社で雇われる以外にそれまで収入を得たことなんて一度もありませんでしたし、私の夫は外国人でしたので、日本では私が大黒柱的な立場だったからです。

そのとき、すでに二年分以上の本の執筆依頼はいただいていましたが、先々のことなんてわかりません。

「今はいいけど、将来は大丈夫かしら？」

そんな思いは最後まで消えませんでしたが、

「会社の仕事と、本を書く仕事、どっちがより好きなの？　どっちがよりやりたいの？」

と、自分に問いかけたら、答えは明白だったのです。

「ここでやりたいことに全力投球しなかったら、死ぬときに絶対に後悔する」

そう思ったことで、会社を辞める決心ができました。

すでに「大きな自分」は知っていたのです。

ワクワクを選択すれば大丈夫だってこと。

ワクワクを選んでいけば、未来には、今の自分には想像もできないような素晴らしいものが待っているってこと。

次章で詳しくお伝えしますが、実際に一歩踏み出すと、その空いた部分に、想像もできないほど素晴らしい出来事が流れ込んできたのです。

無理をする必要はありませんが、タイミングが来たら、ぜひ、自分を信じてください。あなたの気持ちに従えば、道は開かれます。

5 「つい、諦めてしまう自分」をはげますヒント

　これまで「頑張らなくてもいい」ということをお伝えしてきましたが、これらはあくまで、「自分のやりたくないことを無理にやる必要はない」ということです。

「今のままでいなさい」とか、「今の生活で我慢しなさい」と言っているわけでは決してありません。

　とくに読者の中には、「やりたいことは置いておいて、日々まあまあ充実してそれなりに暮らせたらいい」という人も多いかもしれません。それもまたひとつの選択です。

でももし、「まだ自分のやりたいことができていない」という思いが少しでもあるのなら、それに対してはぜひ妥協しないでほしいと思います。

「本当はやりたいことがあるけれど、そのためには『やりたくないこと』もしないといけない」と二の足を踏んでいる人たちには、**「もっと自分の望む人生を生きられるんですよ」「もっと望んでいいんですよ」**ということはお伝えしたいと思います。


あなたの中には、まだ可能性が眠っているのです。

ですので、自分を小さく見積もるのではなく、本当にやりたいこと、本当に望む生活に対して、素直になってみましょう。

誰もが自分の持っているものを生かして、

「仕事も、プライベートも、本当に両方とも楽しい！」

「毎日が充実している！」

という状態になれると、私は思っています。

起こった出来事に意味づけするのは「あなた」です

私が、やりたくないことはもうしないと決め、会社を辞めようと決心したその数日後（まだ、辞めると会社に伝える前に）、なんと「昇進のお知らせ」が来ました。

古い体質の会社でしたので、「女性が昇進する」ことはほとんどない中での話でした。

この出来事について、このままこの会社にいたほうがいいというメッセージだと考えることもできます。しかし、私はこう考えました。

「すべてはうまくいっているから、次へ進みなさい」

ということだと。

あなたがやりたいことに前向きになったり、毎日に幸せを感じたりして、よい状態になってくると、あなたの生活全体が底上げされてきます。

自分の生活のうちで、このことだけすごくうまくいって、こちらはまったくダメ、ということにはならないのです（分野によって得意不得意はあるので、多少の差はありえます。人間関係はうまくいくけど、お金がそこまでついてこない、など。しかしこの状態でも、差があるなりに全体的によい方向へ進んでいきます）。

ですので、「会社の仕事が波に乗ってきた」ということは、「本当にやりたいこともうまくいくというサインだ」と、捉えることができるのです。

起こった出来事に決まった意味はありません。

「その出来事を、自分はどう思いたいのか」、それをあなたが決めていきましょう。

6

心が〝クリアになる〟瞬間

あなたが、自分のやりたいことを見つけて踏み出していくと、「自分だけの道」を進み始めますので、だんだんと他人と自分を比較することが少なくなってきます。

ただそれでも、あなたの周囲にはたくさんの人がいて、その中で、自分を他人と比較してしまうことがあるのは、仕方がないことなのかもしれません。

しかし、あなたがあなたのやりたいことを実現しようとするとき、他人との比較は不要のものとなってきます。

「誰かと自分を比べてしまう」――そんなときは、他人は他人として、自分はどんな人なのか、何ができるのか、何がしたいのか、そのことを中心に考えるようにしてみてください。

誰かと比較しなければ、**「自分のできること」がそのまま自分のよさになる**はずです。比較している自分に気づいたら、意識を自分に戻すだけで大丈夫。

不安になってしまうときは、ただ、**自分のできることを考えたり、それをリストアップしてみたりすることが有効**です。

少し冷静になって考えたら、すぐにわかります。自分にできて誰かにできないこと、逆に誰かにできて自分にできないことなんて、あって当然だと。

本当に、自分と誰かを比較することには、まったく意味がありません。

「あの人にはこれがあって、自分にはこれがない」と考えるのではなく、「あの人にはこれがあって、自分にはこれがある」と考えていきましょう。

「あの人がうまくいっている」ということは……

「あなたがワクワクすることは最初から決まっている」とお話ししましたが、本当に人それぞれには役割があって、それは変更できないのです。どの役割が上で、どの役割が下だ、ということは一切ありません。

本当にそうなのです。最初からそう決まっているのですから。

そう思うと、人をうらやましがったり、比べたり、妬《ねた》んだりすることが減ってきます。人間ですので、ゼロにはならないかもしれませんが……。

「自分は自分」と思えることが、「自分を受け入れた」ということです。

無理に自分を変えようとしたり、誰かを変えようとしたり、人との比較をするのではなく、ただ、自分の「こうしたい」と思うことに従ってみてください。

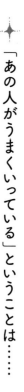

そして、**「起きることは完璧なんだ」**と受け入れてみましょう。

すると、奇跡のような「自分の力を超えたこと」が次々と起こり始めます。

あなただけの人生が展開され始めるのです。

また、周囲で他人が夢を叶えたり、自分の道を生きて幸せそうにしているからといって、落ち込む必要もまったくありません。それどころか、あなたは喜んでいいのです。

というのも、あなたのまわりの人がそういう生き方をしているということは、あなたもその生き方に近づいている証拠なのですから。

この世には「引き寄せの法則」が働いていて、あなたは、今の自分の状態とかけ離れたものを目にすることはないのです。

あなたが、あなたのやりたいことの実現に近づいていなかったら、あなたはまわりの人がそのように生きている姿を見ることすらないでしょう。

周囲で起こる出来事は自分の反映です。間もなく、あなたにも同じようなことが起こるでしょう。時間の問題です。

誰でも、自分を強く否定しない限り、無理だと思わない限りは、それぞれにとっての完璧なタイミングで、本当にやりたいことが実現していきます。

「あの人が幸せになれば、あなたも幸せになれる」のです。

宇宙は誰にでも優しく、無限の豊かさがあるのですから。

あなたのまわりの誰かが夢を叶え、あなたがそれを前向きに捉えることができれば、いずれあなたの番が来る——。これは、疑いようのない事実なのです。

1

自分と向き合う時間――「瞑想」がもたらすもの

「やりたいことを実現する！」「夢を叶える！」と言うと、とにかく忙しく動き回らなくてはいけない、という印象があるかもしれません。もちろん、やりたいことをやっていたら結果的に忙しくはなります。

しかし、そんな中で**「何もしない時間をつくる」**ことを、私はおすすめしています。

自分の本当に望む人生、自分が本当に幸せを感じる人生をつくるには、自分と向き合うことが不可欠です。自分がどうしたいのかを知らずして、それはありえないからです。

自身自分に向き合う方法として、**「瞑想」**という手段があります。

瞑想という言葉を聞いたことがある人も多いでしょう。日常にぜひ取り入れてほしい習慣です。

普段から、日常を楽しもうとしたり、やりたいことに向き合おうとしたりしても、とても嫌なことがあったり、疲れていたりすると、どうしてもモヤモヤしてしまうこともありますね。

そんなとき、「瞑想」することを習慣にしていると、あなたは比較的短い時間で、嫌な感情から、自分が本当に望んでいる感情へと戻ってくることができるのです。

毎日十分、「静かな癒しの空間」にこもってみる

瞑想とは簡単に言うと、リラックスし、できる限り何も考えない状態をつくることです。

もちろん何も考えないようにしようと思っても、雑念は浮かんできます。「今日の晩ご飯、何にしようかな」「あの人のこんなところが嫌だ」「会社辞めたいなぁ」など、雑念が次々と湧き出てしまうでしょう。

何か思い浮かんできたら、「あ、こういう思いが浮かんできたな」と、自分の思考を外から眺めるようにして流していきましょう。

瞑想は座禅を組まなくても、椅子に座ってもできます。ラクな姿勢で取り組んでみてください。

瞑想を続けていくと、本当の自分につながりやすくなります。本当にやりたいことがわかってきて、日常生活にある幸せにも気づきやすくなっていくでしょう。

瞑想を習慣づけると、外側の出来事に振り回されることが減ってきます。できれば、一日十分間でもいいので、瞑想の時間を取り入れるようにするといいでしょう。

ただし、瞑想すればすべてがよくなる、というわけではありません。

あくまでも、

・やりたいことを〝できることから〟やる
・日ごろから〝いい気分〟でいる
・今、〝目の前にあるいいこと〟を探す

ことは、しっかり続けてください。

瞑想に抵抗のある場合は、**「ジョギングする」「運転する」「掃除や庭作業などの単純作業に没頭する」**など、頭を空っぽにする時間をつくると、瞑想と同じような状態になってきます。

また、休みたいときは休みましょう。

私自身は、目の前に仕事があっても、聞きたい音楽があったらそれにどっぷりつかったり、眠かったら寝たりします。

そうして、自分の心と身体を心地よい状態に保ち、心の喜びを感じれば感じるほど、仕事のパフォーマンスは上がっていくのです。また、アイデアも降りてきます。

スケジュール的に厳しそうな局面になったとしても、信じられないほど仕事がはかどって、なぜか締め切りに間に合ってしまう、というようなことが実際に何度も起こりました。

明日できることは、明日やることにして、「今どうしたいのか」を優先させていきましょう。

8

「魂の望み」は百パーセント実現する！

やりたいことを続けていく中で、時に障害と思えるようなことにぶつかることがあるかもしれません。

しかし、見方によっては、「障害」ではなく、「絶妙なタイミングを計るために起こっている出来事」だと捉えることもできます。

すると、「やっぱり、これでよかったんだ」と思える展開になっていくのです。

何が起こっても、ワクワクに従って進めば、だんだん道は開けていきます。

「やりたくないことをやらなくてはいけない」苦痛の時間を過ごすよりは、「やりたいことができている」幸せ、喜びを感じていきましょう。

これが「今回の人生の目的」です

やりたいことをやる、夢を叶えていくことは、本当のあなたを表現していくことです。

本当のあなた、あなたの魂の目的をこの世で表現する。つまり、あなたの魂が求めること、心がワクワクすることを実際にやる――それが、あなたの今回の人生の目的です。

自分の興味があること、大好きなこと、気になって仕方のないこと、この気持ちに素直に正直になって、とにかく行動に移していきましょう。先のことは考えなくて大丈夫です。

あなたのやりたいこと、それを実現することができるのは、あなただけなのです。あなたが「魂から望むこと」は、かならず実現します。

そして、あなたの幸せや喜びは、周囲の人をも巻き込んでいくでしょう。

5章

すべての出来事が「いいこと」を引き寄せる！

あなたにムダなことは、ひとつもない

1 宇宙からの「素晴らしいギフト」を受け取るコツ

あなたが「心からやりたいこと」に前向きになり、そして、**やりたいことを、できることからやっていくと、求めているものは向こうからやってきます。**すでに知っている人から何かがもたらされることもありますし、新しいつながりが思いもかけぬ方向からやってきたりします。

ただ、自分のやりたいことをやるだけで、自分が自分らしくあるだけで、あなたは宇宙から「素晴らしいギフト」を受け取り続けます。

それはごく自然にあなたの人生に現われてきます。頑張って探し求める必要や、自分から必死で働きかける必要は、どこにもないのです。

このように言われても信じられないかもしれませんが、本当に奇跡が起こります。

この奇跡は、私にだけ起こっていることではありません。とても近い友人を含め、「自分の心の声」に耳を傾け、一歩踏み出した人には、すべてのやりたいことや欲しいものが勝手にその人のもとにやってきています。

たとえば、カメラに興味のあった知人は、自分の撮った写真を、ブログやFacebookにアップしていました。すると、身近なところから声をかけてもらって、結婚式やその他のイベントの撮影を頼まれるようになったり、小さな撮影会を開くことを持ち掛けられたりして、いつの間にかそれが生活の中心になっていきました。

別の複数の知人も、文章を書くのが好きでブログを毎日更新していたら、それぞれ出版の話がやってきて、一冊目を出したと思ったら、あっという間に二冊目以降の話が決まったりしています。

そのとき〝最高の波〟が！

私も会社員時代に「本当にやりたいこと」に向き合い、それをやると決心したら、自分が何もしなくても、いつの間にかそれでお金まで稼げるようになりました。そして、どんどんとやりたいことが向こうからやってくるようになったのです。

二冊目以降は本を出したり、イベントをしたりするのに、一度も自分から営業をしたことはありませんが、全部向こうからやってくるのです。

初めは、「今の環境が嫌だから、もう少しマシな条件のところで働きたい」と思って転職活動をしていました。しかし、結局うまくいきませんでした。

やっぱり、「自分が嫌だと思う気持ち」から発した願いで行動しても、思うようにはいかないのです。

そのころの私と今の私は、何も変わっていません。私自身の能力はそのままです。ただ、**当時と今の違いは、「本当にやりたいことに踏み出しているかどうか」それだけ**なのです。

本の執筆は、予定が数年先まで埋まっているだけでなく、心から信頼しておつきあいできる編集者の方と、安心して「ワクワクすること」に取り組んでいます。私はただ、「書きたい」という衝動、その「自分の心のコンパス」に従っただけなのです。

私がしたことは、向こうからきた話がワクワクするなら、スケジュール的に無理がなければやるし、そうでなければやらない、という選択だけです。

奇跡だと自分でも思いますが、そうして「自分の本当にやりたいこと」に従えば、誰でもミラクルな体験をできるようになっているのです。

2

「新しいもの」を人生に招くには

やりたいことが実現していく中で、「少し苦手意識のある、でもやりたくないわけではない」ものに直面するかもしれません。

「絶対にやりたくない」「これには興味がない」というものはやる必要がないのですが、この「やりたくないわけではないけれど、自分の苦手意識が邪魔しているようなもの」に対しては、チャレンジしてみることをおすすめしています。

実際に、そういったものは、「断っても何度も同じような話が来る」のではないでしょうか？

それは、

「やってみなさい、あなたの喜びや、やりたいことにつながっているから」という宇宙からのサインと考えることができます。

「やってみる勇気」で現実が豊かに

私自身、「書くこと」は間違いなく好きでやりたいことでしたが、人前で話すことや、大勢の人の前に出ることには苦手意識がありました。

しかし、本を出すようになってから、次々とそのようなお声がけをいただくので、チャレンジするようにしていました。

今でも、苦手意識はゼロではないのですが、そうした新しいことに挑戦すると、自分の新たな喜びを発見したり、たくさんの人の優しさをもらったり、新たな人とのつながりができたり、「本当によかった」と思えることが何度もありました。

苦手だと思うことでも、やってみる勇気が、現実を豊かに変えていってくれたのです。

あなたに降ってくる話は、あなたにできることであり、あなたに必要な経験をもたらすことです。

「できるかな？」「大丈夫かな？」「ちょっと苦手だな」と思うものでも、「死んでも嫌」というレベルでなければ、それをやってみるようにすると、それは自分にとって必要な経験だったのだとわかる日が後々来るでしょう。

「嫌いなもの／興味がないもの」と「興味はあるけど、苦手だと思い込んでいるもの」を見分けていきましょう。

3 「お金が〝あっさり〟入ってくる」世界

日常生活の中で、

「やりたくないけど、お金のためにやらなければいけない」

「お金がもっと欲しいから、なんとか自分の能力を生かしてお金を稼がなければいけない」

と考えることがあるかもしれません。以前の私もそうでしたが、まず、「お金のない不安」ということが最初にきてしまうのです。

しかし、お金のために自分を犠牲にすると、あなたは自分で自分の首を絞《し》めることになってしまいます。お金のために「自分のやりたくないこと」「好きではないこと」を始めてしまう可能性が非常に高いからです。

目先の収入を重要視して、好きでもないことをお金のためにする、それ自体はもちろん悪いことではないのですが、あなたの幸せにはつながりません。そうしているうちは、絶対に幸せになれないのです。

「幸せ」というのは、お金によってもたらされるものではなくて、自分が現実の中に感じるものであり、また、やりたいことができていないとき、やりたくないことに多くの時間を割いているとき、いくらお金があったとしても、人は幸せを感じることができないのです。

「まず、自分を表現する」
「まず、やりたいことをやる」

そうすると、あなたに必要なお金がもれなくついてきます。

今ここで、どれだけのお金が入ってきますよ、ということは言えません。それぞれの望む額が違うからです。

しかし、あなたにふさわしい収入、あなたが本当に望む人生を生きるのに十分な収入がかならずついてきます。

自分が、本当にやりたいことをワクワクしてやりつつ（それが複数でも、もちろんかまいません）、実現することを諦めなければ、かならずついてきます。

自分が少しでも興味のあることをやって、人に喜んでもらって、お金ももらって、それを使えばさらに喜びが増えていく、という最高の循環が生まれるのです。

ワクワクすることを見つけて実現した人は、みな自動的にそうなります。

そしてあなたは、お金をもらいながら、素晴らしい経験をしているという感謝にあふれ、ますます感謝したくなるような現実を引き寄せていくでしょう。

また、お金を受け取ること、それに罪悪感を持つ人もいるかもしれませんが、お金は、自分が自分自身を正直に表現していった結果、誰かの役に立っているからこそ、あなたにもたらされてきます。

あなたが出したエネルギーが返ってきただけです。

すべては経験です。あなたがお金を受け取ることも、誰かがあなたにお金を払うことも、いいも悪いもない、誰にとっても必要な経験なのです。

結果は「後から」ついてくる

お金は、能力に比例して入ってくるのではありません。あなたのまわりにも、有能だとは思えないけれど、なぜかたくさんお給料をもらっている人がいるのではないでしょうか？

あなたの収入は、あなたが「あなたらしさを発揮しているかどうか」「あなたらしさを表現しているかどうか」に比例してくるのです。

そして、毎日の生活に豊かさを感じているかどうかです。この「毎日の生活に豊かさを感じている状態」というのは、前章でお伝えした**「日常生活を楽しんでいる状態」**です。

ただ、あなたがお金を自由自在に引き寄せるのは、あなたが何かしらワクワクに向かって行動を起こした後になります。

経済的な自由、つまりお金の心配をまったくせず、「必要なときに必要なお金を引き寄せる」世界は、自分のやりたいことを実行に移した後に現実のものとなります。

とはいえ、日々の生活に不安を覚えるなら、少しの時間割り切って、お金のために働くのはいいことだと思います。やはり「心の安定」はとても大事だからです。

その場合もできる限り、心がワクワクするものを仕事にするといいと思いますが、そうでなくても、あなたの選択に正解、不正解はないので、お金のためにやると決めた仕事でさえも、かならずどこかであなたの役に立つ日が来ます。

また、金銭的なもの以外でも、たとえばブログのアクセス数、人からの評価、社会的な成功など、結果はすべて後からついてきます。

心からあなたが楽しんでいれば、心からやりたいことをやっていれば、それに共感してくれる人はかならず現われます。

結果は最善のものが後からついてきますので、最初から結果についてあまり考えないようにしていきましょう。

結果のことばかり考えると、たとえば、「収入のために自分のやりたくないことをやり始める」「アクセス件数を増やすために書きたくないことまで書き始める」ことにもつながり、結局、「やりたいことができない＝幸せを感じられない」ということになりがちです。

好きなこと、やりたいことに夢中になって、結果として成功した人は、成功したから幸せなのではなく、成功する前から幸せです。

あなたが本当にやりたいことをやれば、あなたが望むだけの結果は、後からかならずついてきます。

4

人間関係の「入れ替え」が起こるとき

本当にやりたいことをやって、自分を輝かせ、そして、自分の持っているものを生かしながら毎日を過ごしていると、周囲に、理想的な人間関係が築かれていきます。

人は、一人では生きていけないし、誰とも関わらずに生きていく人などいないでしょう。

あなたがワクワクを実現する過程では、さまざまな人と関わっていくことになりますが、**「本当にやりたいこと」に従って人生を歩むとき、それに協力してくれる人を自動的に引き寄せていきます。**

あなたは、心地いい人間関係を築くために、特別に何かをする必要はないのです。

たとえば、何か本などで「素敵な人と出会うために、○○しましょう」という話を読んだことがあるかもしれませんが、私の経験から言うと、自分から出会おうとまったくしなくても、必要な人に出会います。

私はどちらかというと、新しい出会いを自分から求めるほうではなく、自然に任せているのですが、素敵な出会いはひっきりなしに訪れます。

「自然に」というのは、たとえばプライベートでネイルサロンに行ってお話ししていたら、そこで素敵な出会いがあったり、ワクワクするお話が聞けたり、そこから新しくやってみたいことにつながったりすることが起こるのです。

ですので、出会いのために何もする必要はなく、プライベートも含め、やりたいことをやっていたら大丈夫なのです。

人は、人生を楽しんでいる人に接すると、とても楽しくなってしまい、「この人と、もっと一緒にいたい」と思うようになるからです。

自分の目的のために、それに協力してくれる人とつながりたい、と思うことがあるかもしれません。

しかし、言葉は悪いですが、それは「相手を利用しようとしている」ともとれることです。そのような波動を出していると、あなたは自分の目的は達成できるかもしれませんが、お互いの喜びを分かち合えるような人間関係には発展していかないでしょう。

本書で繰り返し述べていることですが、**目的のために何かをしなくてもいい**のです。ただ、**そのときそのときで「やりたいな」と思うことをやれば大丈夫**なのです。

もちろん、あなたが積極的に「新しいつながりを持つのが好き」というのであです。

れば、そうしたらいいのですが、無理にそうする必要はないということです。

私は、広く浅くの交友関係はすすめません。

一日二十四時間という時間は誰にとっても同じですし、自分の本当の幸せ、満足感を得るためには、自分のやりたいことに重点を置くべきで、それをしていると、他人のことを考えている暇《ひま》はあまりなくなります。

「いい流れ」に乗り出すと、すべてがガラッと変わる

あなたがやりたいことをやり始め、人間関係が形成されていくその過程では、今まで仲がよかった人と疎遠になることもありえますが、それに対しては、悩んだり、恐れたりする必要はなく、流れに任せましょう。

宇宙の流れは完璧です。

かならず、「あなたに悪いようにはならない」から安心してください。

周囲での揉《も》め事や悩みも減っていきます。もしくは、揉め事があったとしても、

自分は関わらなくてもよい立場になったりします。

「人間関係の入れ替わり」はあるかもしれません。というより、ほとんどのケースで、人間関係が丸ごと入れ替わるようなことが起こりますが、**あなたが好きなことをやっていると、魂で約束したとしか思えないような人と自然と出会います。**

あなたが出会おうとしなくても、あなたの人生に放り込まれてくるのです。

そして、その中から、人生をともに歩むパートナーさえも現われてくるでしょう。

あなたがやりたいことへ足を踏み出せば、必要なもの、必要な人間関係はあなたのもとに引き寄せられてきて、そして、あなた本来の生き方を邪魔する人間関係は去っていきます。

私自身、文章を書く中でそれに関わる方と喜びと感謝を分かち合っていることはもちろん、さらには、本を読んでくださった皆さんから、どれほどたくさんの感謝の言葉をいただいたかわかりません。

自分では、そのようなことを考えたり、狙ったりしたことはまったくありません。ただ、自分のやりたいことに従って、そして私に降ってくるお話を、精いっぱいやっていったらそうなっていったのです。

結局、自分の本当にやりたいことに足を踏み出し、そこで得たものの中で一番大切なもの。それは、その過程で出会った人々と一緒に何かをつくり上げた喜びや充実感なのかもしれません。

競わない、比べない

また、あなたが、自分のやりたいことをただやっていくと、それは「あなただけのもの」なので、他人との競争からも自由になっていきます。

百人いれば、百通りのやりたいことになります。

もし、あなたが、「自分のやりたいことをやること」を目標とするのではなく、「それで一番になる」「年収いくらになる」という目標のためにやっていたらどうでしょうか。

その目標を達成して、ひとときの満足感を得ることはあるかもしれません。しかし、それを達成してしまったら、「もっと上を、もっと上を」と目指すとの繰り返しであったり、また、他人との競争の世界へ踏み込んだりしてしまうでしょう。

もちろん、これらが悪いと言っているのではありません。もし、あなたにこうした経験があったとしたら、それはあなたにとって必要なことだったのです。最高最善の宇宙の流れで起こったことですから。

ただ、あなた自身が、そうした「心をすり減らすような競争の世界」を望むのかどうかです。

「誰かの成功モデル」では幸せになれない

また、あなたがやりたいことをして、「成果」と呼べるものが見えてくると、それに追随しようと、あなたのマネをしようとする人も現われるかもしれません。

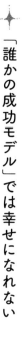

私自身も、そのような経験をしましたが、しかし「自分のやりたいことを追求する」ということだけをしていると、そうした人たちをライバルと捉える必要もなくなっていきます。

「自分の本当にやりたいこと」と「他人のやりたいこと」というのは違う、とわかりきっているからです。

それに、「やりたいこと」は常に進化しますので、マネされても、その時点で自分はすでにその先へとシフトしているのです。

逆に考えると、自分のやりたいことを追求するのではなく、誰かの成功モデルをマネしようとしても、成功はできるかもしれませんが、幸せや喜びには到達しません。

憧れや好きな気持ちを持つのは素敵なことですが、他の誰かになろうとしないでください。あなたは、あなただけのやりたいことを追求してこそ、あなただけの幸せを見つけるでしょう。

「やりたいことを見つけて、それができている」、そのことに幸せを感じると、他人との競争とも無縁になっていきます。

競争の中で生きていると、どうしても頑張ってしまいます。頑張っていると、自分の楽しみに鈍感になってしまったり、自分を犠牲にしてしまったりすることもあるでしょう。

逆に、日々楽しむ、日々幸せを感じて、いつも上機嫌で生きていれば、あなたが思う以上の結果は、あとから勝手についてきてしまうのです。

5

「やりたいことをやっている人」しか手にできないもの

かならずしもそうなる、というわけではありませんが、やりたいことがやがて仕事につながってくると、仕事のことを考えている時間、また仕事そのものをしている時間が長くなっていくでしょう。

会社員時代、「いかに早く仕事を切り上げるか」ということばかり考えていた私にとっては驚きなのですが、私自身、今はほとんど仕事のことを考えている、と言っていいくらいです。

これは、今、嫌々仕事をしている人にとっては、歓迎しないことかもしれませんが、やりたいことが仕事になると、働くことも楽しい時間になります。そして次第に仕事とプライベートの境目がなくなってくるので、働いている時間が長くなる傾向にあります。

好きなことをする、やりたいことをする、というのは「ラクをする」ということとは違うのです。

ただし、ラクではないかもしれませんが、喜びはあります。とても大きな喜びです。そして、心の疲弊はありません。

「時間を区切る」ことからの卒業！

以前の私は、平日は仕事、週末はプライベートと、はっきりと境界線を引いていました。そして、平日は我慢して過ごし、土日をいかに楽しく過ごすか、ということに心を砕いていました。

そうして、土日を自分が思い描いたようなプランで楽しく過ごすことは、何度も何度も実行したのですが、そのときは楽しくても、月曜の朝になると、また現実に戻る、という繰り返しでした。

当時は、休みの日まで仕事のことを考える、なんてことは、私の最も嫌なことでしたが、やりたいことを見つけ、仕事にまでなった今、働くことと遊ぶことの境目がどんどんなくなってきました。

やっていること自体が楽しいので、遊びのような感覚になってきますし、逆に、遊びとしてやっていることが、いつの間にか仕事につながってくるのです。

たとえば、私は、「海外へ行く」ということが昔から大好きで、自分の趣味として海外旅行に行ったり、海外に住んだりしていました。

今では、過去に海外で生活した経験が、書くことの役に立っていますし（バリ島で生活した経験があったからこそ、ガムラン音楽のCD付きの瞑想の本を出すことができましたし、バリ島についての本も出しました）、逆に、「講演のために海外へ行く」というようなことも現実化してきています。

働くことも遊びも、同じような方向性を向いてくるのです。

あなたの中の仕事の部分、プライベートな部分という区切りが、まったくなくなることはないにしても、それがほとんどなくなっていき、**あなたそのものを生きている、あなたそのものが仕事になる**という状態になり、人生がさらに楽しく、充実したものになってきます。

一日のうちで、本当にやりたいこと以外のことをやっている時間は、ほとんどなくなってきます。

6 選んだことは○？　それとも×？

「自分に自信がないのですが、どうすれば自信を持てますか？」

というご質問を受けることが本当によくあります。

これも、「やりたいことをやる」ということで解消されていきます。

やりたいことをやり始めると、自然と物事がうまく進み始め、まわりも素敵な人ばかりになってくるので、あなたは、自然と自信が身についてくるのです。

あなたが自信を失うときというのは、往々にして、他人の同意や評価を得られなかったときでしょう。しかし、**やりたいことをやっていると、その時点で幸せ**

を感じるので、周囲の評価は気にならなくなってきます。

自分がしたいことが本当にわかってきて、それに自分自身が納得していれば、周囲の人に左右されることがなくなってくるのです。

生き方に迷いがなくなってきます。もちろん、それは少しも迷ってはいけない、という意味ではなく、人間ですので、いろいろと迷う場面はあるのですが、大本の部分がしっかりしているので、大きく傾くことがないのです。

細胞レベルにまで染みわたる「感謝の言葉」

あなたがやりたいと思うことに、どれが正解でどれが不正解かはない、ということをお伝えしましたが、あなたがやりたいことをやると、本当にそのことを実感するでしょう。

これまでの人生に、すべてムダはなかったし、自分がよいと思った出来事も、悪いと思った出来事も、自分にとって必要な出来事だったとわかるのです。

私は長い間、不満を持ちつつ会社員を続けてきました。しかし、その会社員時代があったからこそ、そこから「引き寄せの法則」を知りました。そして、望むものをすべて引き寄せた経験によって、多くの人に共感をしていただけたと思っています。

これが、最初から幸せですべてを手に入れていたら、誰も興味を持ってくれなかったかもしれません。私の「暗黒の会社員時代（笑）」も本当に大事な経験、必要な経験だったのです。

もしあなたが今、自分のやりたいことができていないな、と思うとしても、嘆く必要はまったくありません。あなたが今やっていることは、どこかの時点で、「この経験があってよかった」と思えるようになるからです。

どんな場所からでも、あなたの本当に望むものを引き寄せることができますし、どんな経験も生きてきます。

私自身、書くことを見つけるまで、いろいろと試してきたことはお伝えしましたが、今思えば、当時は本当に何の大きな目標も軸もなく、流されるようにフラフラしていたと思います。

そのときの私は、外から見たら何を達成するでもなく、好きなことを好きなようにして、どうしようもないような人だったかもしれません。

それでも、その経験が生きていると今、思えるのです。本当にすべてはつながっていました。

「あの過去があるから、今がある」と、本当にそう思うことができました。

失敗は存在しません。正解も不正解も存在しません。

あなたの選択したことは、それが何であれ、ひとつの経験としてあなたの役に立ちます。

そして、これまでのすべてであったり、今自分が携わっていることすべてに、感謝の気持ちがあふれてきます。

あなたは、そもそも「自分の魂の目的」を実行するために生まれてきているので、それを実際に行動に移すとき、喜びがあふれ出てくるのです。自分が今、やりたいことができていて、幸せでいられることに対する感謝も絶えることはありません。

また、自分がやりたいことをやる過程で、さまざまな協力者を引き寄せるため、周囲の人たちに、感謝せずにはいられなくなるでしょう。

感謝は、「あなたがこの世でできる最高のことだ」と言えます。あなたが発することのできる、最高の波動なのです。

そして、**感謝は当然ながら感謝を引き寄せ続け、あなたの人生は楽しさと喜び、情熱やうれしさでいっぱいになる**でしょう。

1

目の前に起こることは、すべて「パーフェクト」！

私が「本当にやりたいこと」へ足を踏み出したときのお話は、すでにお伝えしましたが、意を決して上司に退職の旨を申し出た翌日、面白いことが起こりました。

なんと、「会社自体が大阪に移転します」というアナウンスが流れたのです。

もう、その話を聞いた私は目が点でした。寝耳に水とはこのことです。

もちろん水面下ではその話が以前から進んでいたみたいなのですが、ほんの一部の上層部以外、誰も知らなかったことです。

信じられませんが、自分が会社を辞めると決めたら、つまり、自分が会社からフォーカスを外したら、会社自体がそこから消えることになったのです。

それまでは、私がしがみついていたから、会社がそこにあったようなものです。

本当に、**「自分が自分の現実を引き寄せているのだ」**ということがあらためてわかった出来事でした。

あらゆる出来事が「いいこと」につながっていく

この出来事からも言えるのですが、宇宙の流れ、つまり「起こる出来事の流れ」というのは完璧です。

表面上、嫌だなと感じるようなこと、不安になってしまうようなことがあるかもしれませんが、すべてはあなたの幸せにちゃんとつながっています。

あなたが「自分のやりたいこと」をやり始めると、その幸せの流れに乗っていくことができるようになるのです。

だんだんと、普通に考えて悪いと思えるようなことが起きても、悪いことだと思えなくなってきます。

そして、これのどこが「いいこと」につながっているのかな？　という視点で物事を見るようになりますし、起こった出来事の中で、いいと思える面だけ積極的に見ることができるようになります。

物事を表面で判断しなくなる、というよりは、「すべては『いいこと』につながっている」という以外の判断をしなくなるのです。

ついには、目の前で起こることすべてが楽しいと思える日が来るでしょう。

そうしたら、あなたはもう幸せ以外の何者でもありません。

また、**「やりたいことをやる」とは、本当の自分につながっていくこと**。そうすると、インスピレーションに気づきやすくなったり、はっきりわかるようになったりしてきます。

「こうしたら、もっと楽しい」というようなアイデアがひらめいたり、危機を回避できるような予感が働いたります。

そのように備わっている「直感」を、自然に活用しながら生活できるのです。とくに直感というものを意識しなくても、自然と必要なときに直感が働くのです。

人生にあるのは、ゴールではなく「通過点」

そして、やりたいことが実現すると、そこが「ゴールではなかったこと」に気づくでしょう。

「ひとつの望みが叶った」という実感はあるかもしれませんが、やりたいことというのは、結局、次から次へと自分の中からあふれ出てくるからです。

「引き寄せの法則」に出会ってから、日常生活や今の仕事の中に幸せや楽しみを見つけられるようになったこと、そして、やりたいことに足を踏み出したこと。

そのようにして、私が持っていた望みはすべて叶いました。それどころか、想像以上のものを手にしたのです。

やりたいことをやる自由、そして経済的な自由、それから素晴らしい人間関係、幸せを感じる日々、さらには、結果的にたくさんの人から感謝されるという信じられないことが、すべて現実のものになりました。

「本を書いて生きる」と決めてから、私自身、さまざまな奇跡を経験してきたのです。


自分の「魂の欲求」に従って、損得や安定のためではなく、自分の時間と身体と心をささげると、あなたは、自分が想像できる以上の素晴らしいものを手にするでしょう。

私のすべての望みは叶いましたが、それと時を同じくして、また、新しい望みが生まれました。望みは叶ったのですが、そこは〝ゴール〟ではありませんでした。**人生、常に通過点なのです。**

だから、ゴールを目指して頑張る必要はありません。目標もいりません。

リラックスして人生を歩んでいきましょう！

「今、楽しいか。幸せだな、と感じているか」

「やりたいことをやっているか」

あなたの人生をつくるのは、それだけなのです。そして、あなたがやりたいことをやっていたら、あなたはかならず楽しいのですから、人生ってとてもお得にできていると思いませんか。

やりたいことをして生きていくことは、特別に難しいことではありません。

やりたいことを先延ばしにするのは、もうやめましょう。

あなたは、今この瞬間からでも〝本当にやりたいこと〟をやって生きていけるのです。

おわりに

あなたの人生は「あなただけのもの」

本書をお読みいただき、ありがとうございました。

「やりたいことをする」「気になっていたことを始めてみようかな」と少しでも思っていただけたとしたら、こんなにうれしいことはありません。

どんな小さなことでも、今、この瞬間にワクワクすることを始めましょう。

その積み重ねが、あなたを、まだ見ぬ、でも、魂では知っていたどこか懐かしい素晴らしい世界へと導いてくれるでしょう。

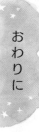

あなたの人生は、あなただけのものです。

「あなたの好きなように生きていい」ということを忘れないでいてください。

人生は、そもそもつらいものではなく、楽しいものなのです。

地球は美しさや多様性にあふれていて、あなたはいつだって自分次第でそれを経験できるのですから。

一人ひとりが自分らしさを発揮し、イキイキと毎日を過ごしている。そんな人が増えれば増えるほど、社会全体がイキイキしてくる。

そのように、個人が全体へと影響していくと思っています。

本書によって、一人でも多くの方が、自分のやりたいことへと一歩踏み出し、そこに働く「引き寄せのパワー」を体感していただけることを望みます。

奥平　亜美衣

本書は、ＫＡＤＯＫＡＷＡより刊行された『人生が輝く引き寄せパワー』を、文庫収録にあたり加筆・改筆・再編集のうえ、改題したものです。

願《ねが》いがすんなり叶《かな》ってしまう！
「引《ひ》き寄《よ》せ」の法則《ほうそく》

著者　奥平亜美衣（おくだいら・あみい）

発行者　押鐘太陽

発行所　株式会社三笠書房

〒102-0072 東京都千代田区飯田橋3-3-1
電話　03-5226-5734（営業部）　03-5226-5731（編集部）
https://www.mikasashobo.co.jp

印刷　誠宏印刷

製本　ナショナル製本

　ISBN978-4-8379-6995-2 C0130

王様文庫

王様文庫

神さまと前祝い

キャメレオン竹田

運気が爆上がりするアメイジングな方法とは？　「よい結果になる」と確信して先に祝うだけで願いは次々叶う！　☆前祝いは、六十八秒以上　☆ストレスと無縁になる「前祝い味噌汁」……「特製・キラキラ王冠」シール＆おすすめ「パワースポット」つき！

自分のまわりに「ふしぎな奇跡」がいっぱい起こる本

越智啓子

あなたの「魂の宿題」は何ですか？　予約のとれないサイキック・ドクターが教える「奇跡が起こるしくみ」！　◎ハーバード大学でも実証ずみの「不思議な治療効果」とは？　◎「カルマの解消」とは、どういうことか　◎「世間」という〝幻の平均値〟に惑わされない

いいことはすべて「妄想」からはじまる！

かずみん

〝ワクワクする未来〟を引き寄せる「妄想の法則」とは？　☆「△△は嫌」より「○○がいい」と思う　☆「お金持ち感覚」を味わう〝お財布ゲーム〟　☆「未来の世界へワープ」を楽しむ　☆「叶う瞬間」ではなく「叶ったあと」を想像……期待すればするほど、うまくいく！

K30581